/ Daniel Kehlmann

/ **LOB** / *Über Literatur* / Rowohlt /

1. Auflage Juli 2010
Copyright © 2010 by Rowohlt Verlag GmbH,
Reinbek bei Hamburg
Alle Rechte vorbehalten
Satz aus der Bodoni BE PostScript bei
hanseatenSatz-bremen, Bremen
Druck und Bindung CPI – Clausen & Bosse, Leck
Printed in Germany
ISBN 978 3 498 03548 8

/ LOB /

Inhalt

/ III /

/ I /

Der melancholische Lobbyist
Thomas Bernhard: Holzfällen

Ein österreichischer Schriftsteller, eben zurückgekehrt aus London, wird auf dem Wiener Graben von einem Ehepaar, mit dem er vor vielen Jahren befreundet war und ohne dessen Förderung seine Karriere nie in Gang gekommen wäre, angesprochen und zu einem «künstlerischen Abendessen» eingeladen. Gegen seinen Willen und hauptsächlich deshalb, weil er noch erschüttert ist vom Begräbnis einer Jugendfreundin, sagt er zu und erscheint auch tatsächlich in der gutbürgerlichen Wohnung der Gastgeber. Eingeladen sind schreckliche Leute aus dem Wiener Kulturleben: die Dichterin Jeannie Billroth, die mit Literaturpreisen überhäufte Gymnasiallehrerin Anna Schreker mitsamt ihrem Lebensgefährten, dem Autor platter Lautgedichte, zwei abstoßende Jungschriftsteller und, mit großer Verspätung eintreffend, ein gefeierter Burgschauspieler, der sich sogleich in Pose wirft und blamiert. Die ganze Zeit sitzt der Erzähler, der mit seinem Autor Thomas Bernhard alles außer dem Wohnort teilt (statt in Ohlsdorf lebt er im fernen England), in einem Ohrensessel und lauscht angewidert. Am Ende – die

Gastgeber sind schon betrunken und alle anderen todmüde – kommt es zu einem Streit zwischen der Dichterin Jeannie Billroth und dem Burgschauspieler, der sich beleidigt fühlt, ausfällig wird und mit einemmal menschliche Züge offenbart: Er gesteht seine Sehnsucht nach «Wald, Hochwald, Holzfällen», nach einem Leben in der Natur fern der verlogenen Gesellschaft. Man verabschiedet sich, und der Erzähler läuft in Verwirrung und Wut durch die nächtlichen Straßen der Innenstadt. Er beschließt, über all das zu schreiben.

So die Handlung jenes Buches, das 1984 Thomas Bernhards Ruf als Skandalautor endgültig festigte: *Holzfällen, eine Erregung*. Es trägt nicht die Bezeichnung «Roman», und es war sicher auch das teils kunstvolle, teils bewußt offensichtliche Spiel mit autobiographischen Elementen, das nach dem Erscheinen zum Auslieferungsverbot führte: Der Komponist Gerhard Lampersberg, ehemals ein enger Freund Bernhards, fühlte sich in der Figur des Gastgebers, dem kläglich versoffenen Komponisten Auersberger, zugleich wiedererkennbar und bösartig verzerrt dargestellt, klagte und bekam in erster Instanz recht. Erst nach komplizierten Verhandlungen konnte das Buch wieder in den österreichischen Buchhandel gelangen – seltsamerweise, als wäre sein Ruf in der Bundesrepublik ihm völlig gleichgültig, war es Lampersberg offenbar gar nicht eingefallen, auch in Deutschland zu klagen; ein interessanter Fall von juristischem Provinzialismus.

Nun legt der Suhrkamp Verlag das Skandalbuch als siebten Band der Bernhard-Werkausgabe, ausgestattet mit

einem ausführlichen Anhang zur Text- und Prozessge-
schichte, neu auf. Ein Anlaß, um *Holzfällen* aus der Ent-
fernung von dreiundzwanzig Jahren so zu lesen, wie
Bernhard es ausdrücklich gelesen haben wollte: nicht als
Schlüsselroman, nicht als Buch über reale Personen, sondern als Literatur.

Aber so leicht ist das gar nicht. Die Spiegelung zwischen Fiktion und Realität und die Frage, wie die Figuren sich zu ihren Vorbildern verhalten, ist tief in den
Text eingelassen. Mit Grund heißt das Werk nicht «Roman», mit Grund gibt es in der Biographie des Erzählers bis auf den Londoner Wohnort nicht ein Detail, das
sich von jener Bernhards unterscheidet. Der Erzähler beschließt, das Erlebte in Literatur umzuwandeln, und eben
durch die wiederholte Thematisierung solcher Umwand-
lung wird der Leser immer von neuem zurückverwie-
sen auf die Tatsache, daß hier nicht bloß fabuliert wird,
sondern daß von wirklichen Menschen, von außertext-
licher Wirklichkeit die Rede ist. Daran ist noch nichts
Problematisches, so macht es die literarische Satire seit
alters, von Juvenal über Voltaire bis hin zu Karl Kraus.
Holzfällen ist ein Prosakunstwerk über die Wirklichkeit
und deren Verzerrung, bestimmt von Witz und Brillanz,
bestimmt aber auch von seltener Gehässigkeit und einer
Reihe außerliterarischer Zwecke.

Wann immer von Thomas Bernhards Stil die Rede ist,
fällt zuverlässig das Wort Musikalität. Gemeint ist wohl
sein perfektes Rhythmusgefühl, die in seinen besten Büchern nie fehlgehende Intuition, wie viele Parenthesen

man einem Satz zumuten darf, ohne daß dieser zerfällt: Bernhards wichtigste Stilmittel – die Wiederholung, der Einschub, die Wiederholung des Einschubs und die Dehnung einer Phrase durch zum Superlativ gesteigerte Adjektive – sind in ihrer Anzahl beschränkt, aber er meistert sie perfekt. Ein Vorbild ist ganz offensichtlich der im Buch immer wieder genannte Boléro Maurice Ravels: eine Komposition, die ihren Reiz daraus bezieht, daß ein solcher Mut zur Wiederholung zuvor unmöglich schien, und die zum Schluß hin eine Steigerung zu heller Wut und Leidenschaft erfährt. Man liest das atemlos, und langweilig wird es nie.

Das ist der eine Grund dafür, daß man *Holzfällen* schwer unterbrechen oder weglegen kann. Der andere Grund ist problematischer: Bernhards Wut wie auch die des Erzählers wird nie begründet, sie ist von Anfang an da, und die Schrecklichkeit all der menschlichen Fratzen ist ein nie in Zweifel gezogenes Axiom. Das Postulat, daß der Dichter nicht behaupten, sondern darstellen solle, kümmert Bernhard nicht. Seine Figuren bekommen kaum die Chance, ihre Scheußlichkeit empirisch unter Beweis zu stellen, sie sind vor dem ersten Auftritt schon verurteilt, der Leser sitzt gleichsam mit dem Erzähler im Ohrensessel und blickt mit dem Grinsen des Eingeweihten auf eine menschliche Gräßlichkeit, die, da sie immer schon als selbstverständlich vorausgesetzt wird, nie zur Darstellung kommen muß; man darf den Hohn teilen und sich erhoben fühlen. Vor kurzem hat Arnold Stadler geschrieben, daß Leute, die Freude an

Bernhards Ausfällen haben, wohl auch gerne das literarische Quartett gesehen haben – besser kann man den Reiz wie die Problematik dieser Technik nicht auf den Punkt bringen.

Aber eine Frage läßt sich, bei aller Faszination für den Witz dieser Prosa, nicht ganz beiseite schieben, und sie führt tief ins komplexe Verhältnis von Fiktion und Realität. Diese Prosa lebt natürlich nicht von der Wiedererkennung der wirklichen Personen durch den Leser. Sie lebt aber durchaus von dem Versprechen, daß diese Leute existieren und daß der Leser sie wiedererkennen *würde*, würde er sie nur kennen. Ohne das verlöre *Holzfällen* viel von seiner Verve und seinem Reiz.

Die Dichterin, der so eindeutig Jeannie Ebner Modell gestanden hat, heißt ja eben nicht Melanie, sondern Jeannie, die aus Lampersberg entstandene Figur heißt nicht Müller, sondern Auersberger, alle Lebensdaten und sogar die Adressen der Charaktere entsprechen genau denen ihrer realen Vorbilder, und das Burgtheater, dessen schlechte Führung und jämmerliche Aufführungen ein Hauptthema von *Holzfällen* sind, gibt es bekanntlich auch. Die Literatur des zwanzigsten Jahrhunderts ist wesentlich bestimmt von der Tradition des Formalismus, die danach verlangt, werkimmanent zu lesen und nicht von der Buchseite auf die Wirklichkeit zu schielen (und wann immer die Gerichte sich einmischen, gilt es natürlich, diese Tradition zu verteidigen) – aber die Satire, die es nach Schillers Definition immer mit der Kluft zwischen Wirklichkeit und Ideal zu tun hat, muß sich doch fragen lassen, von welcher Wirklichkeit und welchem Ideal sie spricht, und was ihre Absichten sind. Wenn der Erzähler etwa einer Schriftstellerin, die im veröffentlichen Buch Anna Schreker heißt, deren Name in der ersten Fassung aber noch Juniröcker war, vorwirft, daß sie und ihr Lebensgefährte, der Autor hochdekorierter Lautpoesie und Träger des Staatspreises, eine «Staatspfründerexistenz» führten – ist es dann von Bedeutung oder ganz unwichtig, daß der Autor dieser Invektive, selbst Träger des Staatspreises, nachweislich mehr Geld von der Republik Österreich erhalten hat als die hinter Frau Schreker so deutlich erkennbare Friederike Mayröcker? Und ist es von Belang, ob der ständig wiederholte Vorwurf, daß das Burgtheater nur veraltetes Zeug und hauptsächlich Grillparzer spiele, zur Zeit der Abfassung des Buches überhaupt noch zutraf?

Ja, das Burgtheater. Der geheime Held, das wiederkehrende Leitmotiv, das ständig von neuem aufgerufene Thema. Man liest gerade diese Stellen mit hämischer Freude. Aber könnte es sein, daß Bernhard hier das Burgtheater der fünfziger Jahre für das der frühen achtziger setzte und darauf vertraute, daß man das so langsam aus dem Bewußtsein weichende Klischee schon für die Wirklichkeit nehmen würde?

Es ist bezeichnend, daß der sonst so kundige Kommentarteil mit keinem Wort auf die Situation an diesem Haus eingeht. Zur Zeit der Niederschrift von *Holzfällen* wurden dort Václav Havel, Botho Strauß, Peter Shaffer, Heinar Kipphardt und Harold Pinter gespielt, ein Schwerpunkt galt den Werken osteuropäischer Dissidenten. Der damals im Gefängnis sitzende Václav Havel, der die Burg sein «Muttertheater» nannte, verdankte es nicht zuletzt den vielen, oft im Fernsehen übertragenen Aufführungen seiner Werke am Burgtheater, daß sein Name nicht aus dem Gedächtnis der Weltöffentlichkeit verschwand. Es gab Uraufführungen von Martin Sperr, Rolf Hochhuth, Martin Walser, Max Frisch, Botho Strauß und Herbert Achternbusch. Das Burgtheater stand unter heftigen Angriffen von seiten der mächtigen Kronen-Zeitung, weil es angeblich das nationale Erbe zuwenig pflegte, der ÖVP-Politiker Erhard Busek bezeichnete es öffentlich als «Hort des Linksfaschismus». Von 1975 bis Mitte 1984, also dem Jahr, als *Holzfällen* erschien und darin über die Grillparzer-Verliebtheit der Burgtheaterführung gespottet wurde, waren dort nicht mehr als zwei Grillparzer-Inszenierungen zu sehen gewesen.

Man muß nicht lange recherchieren, um auf die Tatsache zu stoßen, daß Thomas Bernhard 1975 Gespräche mit Unterrichtsminister Sinowatz und dem Generaldirektor des Bundestheaterverbandes Jungbluth geführt hatte, um die Direktion des Burgtheaters zu übernehmen. Auch seine Dramaturgie war bereits besetzt, unter anderem mit der Schriftstellerin Hilde Spiel. Mehrere Zeugen haben darüber berichtet, ja in Bernhards Nachlaß findet sich sogar ein Typoskript aus diesem Jahr mit dem Titel *Wie ich Burgtheaterdirektor werden sollte.* Statt Bernhard wurde es aber dann der Regisseur und Schauspieler Achim Benning – auch er kein Vertreter der österreichischen Kulturschickeria, sondern ein zurückhaltender und in der lauten Selbstvermarktung wenig versierter Deutscher –, woraufhin Bernhard alle Aufführungen seiner Stücke am Burgtheater verbot. Erst als Benning dem Bernhard freundschaftlich verbundenen Claus Peymann gewichen war, hob er das Verbot wieder auf. Diese Umstände sind gut dokumentiert, doch im aufgeheizten Klima späterer Jahre wollte es kaum einer von ihnen wissen: Bernhards Bewunderern war es unangenehm, daß sein Burgtheater-haß solch persönliche Ursachen haben mochte, und seine konservativen Gegner wollten nicht gerne daran erinnert werden, daß ausgerechnet das Kulturministerium diesen Mann so nahe ans Heiligtum der Wiener Kunstreligion hatte herankommen lassen.

Berührt das den literarischen Rang von *Holzfällen?* Vielleicht doch. Literatur ist eben nicht nur Sprache und Form, sie ist gestalteter Inhalt, und wenn ein Werk seine Wirkung so sehr dem Abscheu verdankt, ist es nicht völlig unwichtig, ob der Gegenstand dieses Abscheus etwas mit den Verhältnissen der realen Welt zu tun hat oder nicht. Bernhards Beschreibung eines abgestumpft in der Selbstbestätigung dahinbrütenden Kulturbürgertums, das seine Provinz für den Mittelpunkt der Welt hält, ist überaus witzig, zum Teil, weil eingestandenerweise dieses Milieu auch das seine war, weil «diese Menschen meine Menschen sind und immer meine Menschen sein werden», wie es am furiosen Schluß heißt. Zugleich aber liest sich seine eloquente Verachtung gegenüber einem deklamatorisch-hohlen Burgtheaterstil ganz anders, wenn man weiß, daß dieser zum Zeitpunkt der Abfassung lange schon Vergangenheit war, daß die Burgtheaterautoren der Stunde Havel, Mrożek, Stoppard und Pinter hießen und daß in jenen Absätzen, in denen von der künftigen besseren Direktion die Rede ist, die das Grillparzer-Deklamieren abschaffen und frischen Wind bringen werde, nicht der apokalyptische Gesellschaftssatiriker spricht, sondern ein kühler Lobbyist, eben jener Mann, der laut den Erinnerungen seines Freundes Hennetmair vor dem Fernseher in Freudentaumel verfiel, als er vom Tod Heimito von Doderers erfuhr: «Jetzt ist die Bahn frei, jetzt komme ich.»

So scheint dieses Buch gleichsam von zwei kooperierenden Autoren geschrieben: einem abgründig humorvollen Beobachter der menschlichen Hinfälligkeit auf der einen Seite und einem versierten kulturpolitischen Fädenzieher auf der anderen. Wenn dieser spricht, mischen sich falsche Töne in die vielgerühmte Musikalität, und das Angebot zur Identifikation mit dem geistig weit über allen anderen Menschen stehenden Erzähler ist nur allzu billig. Wann immer aber jener an der Reihe ist, wird *Holzfällen* reich und grandios. Dann haben wir es etwa mit einem unvergeßlichen Bericht über ein Begräbnis in der Provinz, über Trauer und Gulaschsuppe, zu tun oder mit tief wehmütigen Sätzen über die Verluste der Freundschaften der jungen Jahre. Man wächst heran, man trennt sich von den Menschen, die einem einst alles bedeutet haben, man beginnt sie zu hassen und schreibt wutschäumende Bücher gegen sie. Diese emotionale Bewegung von der Liebe zur Verleumdung wird in den besten Momenten von *Holzfällen* selbst zum Thema: «Um uns aus einer Notsituation zu erretten, denke ich, sind wir selbst genauso verlogen wie die, denen wir diese Verlogenheit andauernd vorwerfen und derentwegen wir alle diese Leute fortwährend in den Schmutz ziehen und verachten, das ist die Wahrheit; wir sind überhaupt um nichts besser als diese Leute, die wir andauernd nur als unerträgliche und widerliche Leute empfinden, als abstoßende Menschen, mit welchen wir möglichst wenig zu tun haben wollen, während wir doch, wenn wir ehrlich sind, andauernd mit ihnen zu tun haben und genauso sind wie sie.» An solchen Stellen ergeht es dem Erzähler wie dem Burgschauspieler. Seine Stimme verliert alles Schrille, und ein prekäres Buch voller Ausfälle gegen alte Freunde wird unversehens zu Kunst.

Der Reporter Truman Capote

Die Geschichte steht in den Lehrbüchern und wird bis
zur Ermüdung wiedergegeben in Journalismusseminaren: Anfang der sechziger Jahre erfand Truman Capote
mit dem Dokumentarroman *Kaltblütig* eine neue Mischform, ihm schlossen sich Norman Mailer, Tom Wolfe und
Hunter S. Thompson an, die daraus entstandene Bewegung heißt «New Journalism» und zeichnet sich durch
radikalen Subjektivismus aus: Rhythmus und Schwung
zählen mehr als Objektivität, eine gute Story ist interessanter als die Vollständigkeit der Fakten, und im Mittelpunkt steht immer die Figur des Berichterstatters. Generationen von Magazinjournalisten haben es so gelernt
und verfassen nach diesem Rezept Reportagen im globalisierten Einheitsstil, ob aus Kapstadt oder vom Südpol, ob über Autorennen oder Kriminelle in Afrika, ob
aus dem Krieg oder von einer Modenschau.

Aber Truman Capote ist nicht schuld daran. Sein Weg
vom Roman in den Journalismus war ein Experiment
von weltliterarischem Rang, und noch immer verstellt
das Bild von ihm als Society-Figur, als Gastgeber ex-

zentrischer Partys und Freundes der Jet-Set-Prominenz, den Blick auf seine Bedeutung als Schriftsteller. Anders als Wolfe und Thompson, die nach ihm kamen, ging es ihm nicht darum, die Faktenhaltigkeit des Journalismus in die Literatur zu tragen, er wollte vielmehr das Instrumentarium seines an Flaubert geschulten Stils, seine Beschreibungskunst, die psychologische Feinheit seiner Figurenzeichnung auf Bereiche anwenden, die bislang nur der Journalismus berührt hatte. Dieses Experiment glückte so fabelhaft, daß man heute das Gewagte daran nicht mehr erkennt: Was als avantgardistische Literatur begann, prägt nun den Mainstream der Magazine.

Bewußt nahm sich Capote zunächst das zweifelhafteste aller Genres vor, das Starporträt. «Ich ging von folgender Überlegung aus: Was ist die niederste Stufe des Journalismus? Anders gefragt, welcher Dreck läßt sich am schwersten zu Gold machen?» In Japan traf er den jungen Marlon Brando, damals noch kein verfetteter Riese, sondern ein junger Mann von engelhafter Schönheit, genialer Begabung und mittelmäßiger Intelligenz. Brando ißt viel und spricht noch mehr, sein chaotisches Hotelzimmer wird ebenso beschrieben wie die verehrungsvollen Zimmermädchen, die japanischen Gärten und die nächtlichen Lichter der leeren Stadt. Dieser Text, *Der Fürst in seinem Reich*, mit dem die neue deutsche Gesamtausgabe von Capotes Reportagen beginnt, gilt heute als Klassiker und als eines seiner Meisterwerke.

Nicht ganz zu Recht vielleicht. Liest man die Texte in der Reihenfolge ihres Entstehens, so scheint das Brando-

Porträt noch ein wenig tastend, fast konventionell im Vergleich zu späteren Reportagen, in denen sich knappste Beschreibungen mit seitenlangen Dialogsequenzen abwechseln, Dialogen, von denen klar ist, daß sie von keinem Aufnahmegerät mitgeschnitten wurden. So etwa in seinem dem Brando-Artikel weit überlegenen Porträt von Marilyn Monroe, das sich am Schluß unvermittelt in die Höhen reiner Lyrik aufschwingt – «Ich wollte meine Stimme über das Geschrei der Möwen erheben und sie zurückrufen: Marilyn! Marilyn, warum muß eigentlich alles immer so ausgehen? Warum ist das Leben so unglaublich beschissen?» –, oder in *Ein Tagwerk*, der wohl lustigsten Reportage aller Zeiten: Capote begleitet seine Putzfrau Mary Sanchez auf ihrer Tagestour durch verschmutzte Wohnungen, die beiden rauchen Haschisch, und ihre Gespräche werden immer absurder, bis alles in einem Eklat endet. Ob das noch Bericht ist oder schon reine Dichtung, könnte nicht unwichtiger sein.

Das Erstaunlichste an diesen Texten ist ihre Bandbreite. Ist jener frivole Plauderer, der mit Schauspielerinnen über Mode streitet, zugleich der Mann, der eine Serienmörderreportage wie *Handgeschnitzte Särge* schreiben konnte, der Mann, der obsessiv Gewalttäter in ihren Zellen befragte und über sie Berichte verfaßte, deren Eiseskälte einen schaudern macht? Was war das für ein Mensch, fragt man sich, und erst dann fällt einem erst auf, wie zurückhaltend er mit sich selbst umgeht: Zwar ist Capote stets anwesend, aber er steht am Rand und gibt zugleich viel und gar nichts von sich preis – eben darin liegt seine Kunst, und an dieser Herausforderung scheiterten von Anfang an die Nachahmer.

Die Rolle des unauffälligen, wenn auch nicht tatenlosen Beobachters spielt Capote auch in *Die Musen sprechen*, seiner Schilderung des ersten Rußlandgastspiels einer amerikanischen Musicaltruppe. Er gibt darin ein Gespräch mit dem Reporter Ira Wolfert wieder. «‹Das Problem ist: Ich sehe hier einfach keine Story›, sagte er. ‹Alles wiederholt sich immer nur. Und vernünftig reden kann man auch mit niemandem.›» Die Pointe liegt natürlich darin, daß der Leser das Buch in Händen hält, dessen Möglichkeit Wolfert leugnet. Tatsächlich geschieht in ihm nichts Spektakuläres, es gibt kaum Verwicklungen, und große Katastrophen bleiben aus. Wo also ist die Story, warum ist das so funkelnd geistreich und berührend? Er habe, erklärte Capote, ein Buch nach Art eines Fabergé-Eis oder einer klimpernden Spieluhr schreiben wollen, «die mit großer Präzision kleine, freche Melodien herausklimpert.» Was immer das auch heißen soll (und man vermutet: nicht sehr viel), das Ergebnis ist ein kleines Wunder, so zweckfrei verspielt wie unnachahmlich.

Capotes bestes Buch ist wohl weder *Frühstück bei Tiffany*, noch *Kaltblütig*, sondern *Musik für Chamäleons*, die von ihm selbst herausgegebene Auswahl seiner journalistischen Texte. Hier finden wir alle Genres versammelt, hier hat er seine Technik der nacherfindenden Reportage und der Auflösung eines Berichtes ins Dialogische am weitesten vorangetrieben. Nicht unproblematisch darum die Entscheidung des deutschen Verlages, die Texte nicht chronologisch, sondern thematisch anzuordnen, also in «Konversationen», «Berühmtheiten», «Begegnungen», «Orte» aufzuteilen. Capotes Genialität besteht in der Aufhebung solcher Genres, und eine Ordnung nach Themen schafft rückwirkend eine Konventionalität, die seinem Ansatz fremd ist.

Und noch einen anderen Grund zur Unzufriedenheit gibt diese Ausgabe, und das ist leider die Übersetzung. In der ersten Hälfte, und seltsamerweise nur dort, als hätte der Übersetzer Marcus Ingendaay in der Mitte unvermittelt an einen Kollegen abgegeben, sind die Dialoge von einer bedrückenden neudeutschen Flapsigkeit – so etwa, wenn Capote Marilyn Monroe «du Träne» nennt, wenn das schlichte Wort «eat» hartnäckig mit «sich einverleiben» übersetzt wird, wenn überhaupt mehrmals gegessen wird, «bis die Plautze kracht». *«He spouted an intellectual rigmarole»* übersetzt Ingendaay mit «er hielt die Leute mit pseudointellektuellem Gefasel zum Narren» und wandelt damit Capotes sachlich kühle Ironie gegenüber James Dean in eine platte und eindeutige Wertung um, noch dazu unter Verwendung des gräßlichen Ausdrucks «pseudointellektuell», dessen Gebrauch Max Goldt schon vor Jahren zurecht verboten hat. Im zweiten Teil findet die Übersetzung immer mehr zu einem dem Original angemessenen Ton, und solche Ausrutscher werden selten – aber zuvor muß man sich durch reichlich Passagen kämpfen, in denen Leute mit «du Herzchen» oder «Schwachstruller» angeredet werden, in denen es «Null Problem, du Spiegelwichser» heißt, in denen auch mal

25

ein «großes Pfadfinder-Ehrenwort» gegeben wird und überhaupt die Dialoge des an Flaubert orientierten Meisterstilisten Capote übertragen werden in eine Umgangssprache von so papierenem Klang, daß man sich fragt, ob sie außerhalb der Synchronfassungen amerikanischer Fernsehserien je irgendwo gesprochen wurde. Immer wieder zeigt Ingendaay, daß er der lyrischen Zartheit von Capotes Beschreibungen gewachsen ist, was er aber mit den Dialogen anstellt, fügt dem Autor Unrecht und dem Leser Schmerzen zu.

«Marilyn! Marilyn, warum muß eigentlich alles immer so ausgehen?» So viel klingt in diesem Ausruf mit – auch das Vorwissen des erschöpften, lange schon drogenabhängigen Schriftstellers darum, daß auf ihn kein Alter voll Ehrungen und Würden warten werde, sondern nur das blasse Fortleben als toter Klassiker. Und dabei müßte es nicht so sein: Er war Jahrgang 1924, und so fern er uns auch schon scheint, er könnte noch dasein und makellose Prosa über die demokratischen Vorwahlen oder über Madonna verfassen. Er wäre ein gesuchter Interviewpartner und einer, von dem es jedes Jahr wieder hieße, der Nobelpreis für ihn sei überfällig. Denn auch das ist eine Lehre von Capotes Reportagen: Nichts muß so sein, wie es ist, nichts ist notwendig, nichts vorherbestimmt.

«Als was wollen Sie selbst reinkarniert werden?» fragt sich Capote einmal im Selbstinterview, um zu antworten: «Als Vogel, am liebsten als Bussard. Ein Bussard braucht sich keine Gedanken um sein Aussehen oder um seine Wirkung auf andere Menschen zu machen, er muß keine

Show abziehen, ihn mag ohnehin niemand. Er ist häßlich und nirgendwo willkommen. Man kann die Freiheit, die einem eine solche Existenz gewährt, gar nicht überschätzen. Gut wäre auch eine Meeresschildkröte. Sie kann an Land gehen, kennt aber auch die Geheimnisse in der Tiefe des Meeres. Außerdem leben Meeresschildkröten lange, und in ihren gut geschützten Augen sammelt sich eine Menge Weisheit.»

Der alte Mann und das Buch
J. M. Coetzee: Tagebuch eines schlimmen Jahres

Seitdem sich die Idee, daß Kunst innovativ zu sein habe, auch beim bürgerlichen Publikum durchgesetzt hat, findet man in allen Sparten das Phänomen der kalkulierbaren Provokation, der erwartbaren Avantgarde. Sie wird von den Medien geschätzt, und das Publikum erfreut sich bei der Betrachtung routinierter Tabubrüche an der eigenen Aufgeschlossenheit. In der bildenden Kunst steht dafür etwa das Werk des pompösen Blutkünstlers Hermann Nitsch, auf dem Theater hat Christoph Schlingensief diese Position inne, und in der Literatur gibt es die sich seit dreißig Jahren wiederholenden und längst allesamt mit Staatspreisen bedachten Protagonisten der Wiener Gruppe. Die echte Avantgarde erkennt man im Gegensatz dazu nach wie vor und immerdar an der Ratlosigkeit der Kritiker. J. M. Coetzee, der vielleicht bedeutendste experimentelle Romancier unserer Tage, ein Schriftsteller existentieller Düsternis und formaler Überraschung, löst sie zuverlässig mit seinen Romanen aus – auch wenn die meisten davon kurz nach dem Erscheinen schon als Klassiker galten.

In Coetzees Werk gibt es zwei Hauptlinien. Da sind jene Bücher, die wie *Leben und Zeit des Michael K.*, *Eiserne Zeit*, die beiden Autobiographiebände *Der Junge* und *Die jungen Jahre* und das düstere Meisterwerk *Schande* im Zeichen eines brutalen Realismus stehen; sie sind gewaltsam bis an den Rand der Erträglichkeit, stärker noch als die physische Grausamkeit wirkt aber die Dunkelheit ihres Weltbilds. Auf der anderen Seite stehen die Bücher, die sich mit dem Verhältnis von Fiktion und Wirklichkeit, von Autor und Erfindung beschäftigen, darunter der Schriftstellerroman *Der Meister von Petersburg*, in dem Dostojewski im Tod seines Stiefsohnes den Keim für seine *Dämonen* findet, der kryptische Kurzroman *Mrs. Barton, Mr. Cruso und Mr. Foe*, eine Fantasie über Daniel Defoe und die Entstehung des *Robinson Crusoe*, bis hin zu *Elizabeth Costello*, einem Buch, dessen erzählende Elemente eingebettet sind in die Vortragstexte einer fiktiven Autorin und Aktivistin für Tierrechte. Ein Teil der Kritiker sah in *Elizabeth Costello* ein kühnes Meisterwerk, ein anderer warf Coetzee mangelnden Mut zur Erfindung vor, es störte offensichtlich viele, daß ein Buch, das so dezidiert die Romanform in Frage stellte, kein Roman war.

Noch deutlicher zeigte sich dieses Reaktionsmuster nach Coetzees nächstem Buch, *Zeitlupe*. In ihm griff er das schon längst nicht mehr neue Motiv des im eigenen Roman agierenden Autors auf, nahm dieses aber in bislang unerhörter Weise ernst. Hier floß alles in eins: die realistische Erzählung mit der Reflexion über das Erzählen an sich, das psychologische Porträt und das postmoderne Experiment. Die beiden Hauptlinien von Coetzees literarischem Werk hatten zusammengefunden.

Und die Kritik? Sie war befremdet. Die Radikalität von Coetzees Experiment zeigte sich wieder einmal darin, daß es gar nicht als Experiment wahrgenommen wurde. In dieser Hinsicht ist es vielsagend, daß Coetzees neuer Roman *Tagebuch eines schlimmen Jahres* mit so breiter Zustimmung aufgenommen wurde wie keines seiner Bücher seit *Schande*. Denn diesmal liegt die Art des Experiments offen vor Augen – nach *Elizabeth Costello* und *Zeitlupe* ein Schritt wohl nicht zurück, aber doch weg vom Rätselhaften, vom irritierenden Bruch der Genres.

Ein weltberühmter Autor wird von einem deutschen Verlag eingeladen, einen Beitrag zu einer Essaysammlung zu leisten. Er beschließt, sich in kurzen Texten über den Staat, die politische Ordnung, die Weltpolitik, ja sogar Harold Pinter zu äußern. Er ist alt, müde und wütend über die Dinge, die in der Welt passieren – George Bush, Guantánamo, die Aufhebung bürgerlicher Freiheiten –, und er möchte kein Blatt vor den Mund nehmen. In der Waschküche seines Wohnhauses trifft er Anya, eine attraktive junge Frau, die mit ihrem Freund Alan ein paar Stockwerke unter ihm wohnt. Er engagiert sie, um die Tonbänder mit seinen diktierten Essays zu transkribieren. Anya versteht seine wahren Absichten durchaus, sie weiß, daß er ihre Hilfe in Wirklichkeit gar nicht braucht. Doch sie spielt mit.

Das zentrale Mittel des Buches wird sofort offenbar: Coetzee teilt die Seiten horizontal durch Abtrennungsstriche. Während im oberen Teil die Essays stehen, liest man auf dem unteren den Bericht des Schriftstellers über seine Begegnungen mit Anya. Und wenn man sich gerade daran gewöhnt hat, fügt Coetzee eine dritte Ebene hinzu: zunächst Anyas spöttische Kommentare über des Autors Person und Meinungen, dann die Gespräche zwischen ihr und ihrem Freund Alan, einem zynischen Finanzmann, der die Gelegenheit benützen möchte, um auf dem Computer des Schriftstellers Spyware zu installieren und dessen Bankkonto auszuräumen. *Tagebuch eines schlimmen Jahres* ist kein Thriller. Der geplante Raubzug kommt nicht über Anfangsvorbereitungen hinaus, und auch das Verhältnis zwischen Anya und dem Schriftsteller – der deutlich Züge von Coetzee selbst trägt und als Autor von dessen Roman *Warten auf die Barbaren* ausgewiesen wird – bleibt platonisch, wenn auch geprägt von immer stärkerer Sympathie. Den heute fast automatisch gegen jeden nicht mehr ganz jungen Romancier vorgebrachten Anwurf, daß er den Leser mit seinen sexuellen Phantasien belästige, wird man Coetzee selbst bei übelstem Willen nicht machen können. Etwas viel Subtileres geschieht: Während der Schriftsteller Anya besser kennenlernt, werden auch seine Essays weniger dogmatisch, menschlicher, ja im umfassenden Sinn wahrhaftig. Die untere Ebene der Seiten wirkt gewissermaßen zurück auf die obere. Am Ende ist nicht viel und doch eine Menge geschehen, und ein hochsparsames Buch findet mit einer parallelen Reflexion über die rus-

31

sischen Klassiker – im oberen Teil der Seiten – und einem berührend indirekten Abschied – im unteren – sein Ende.

Daß das *Tagebuch eines schlimmen Jahres*» ein bedeutender Roman ist, muss eigentlich nicht betont werden. Jedem anderen würde es Ehre machen, und nur die fast unerfüllbar hohen Erwartungen, die man als Bewunderer an ein neues Buch von J. M. Coetzee stellt, können dazu führen, daß man diesmal ein wenig enttäuscht ist. Zum einen sucht man ständig nach dem geeigneten Verfahren, um die gespaltenen Seiten zu lesen: Soll man auf jeder einzelnen mehrmals springend den Erzählstrang wechseln oder besser jeden Strang für sich lesen und danach wieder an den Kapitelanfang zurückgehen? Man findet zu keiner Lösung und ertappt sich immer öfter beim unschlüssigen Vor- und Zurückblättern. Gerade weil sie so offen zutage liegt, bleibt die experimentelle Ebene im Vergleich zu *Mrs. Barton, Mr. Cruso und Mr. Foe*», «*Elizabeth Costello* und *Zeitlupe* äußerlich, ja sie erschöpft sich in der durch die formalen Brüche erschwerten Lektüre, denn inhaltlich hat man es mit einer realistisch klaren Erzählung ohne Brüche oder verstörende Elemente zu tun. *Tagebuch eines schlimmen Jahres* ist Coetzees konventionellstes Buch seit langem, es ist Avantgarde der leicht nachvollziehbaren Art – vermutlich auch deshalb die fast universale Zustimmung der Literaturkritik.

Ein wenig gilt diese wohl auch den Themen der Essays. Während Elizabeth Costellos Engagement für Tierrechte ein unerwartetes und doch brennendes Thema

berührte, schöpft Coetzee diesmal aus dem wohlbekannten und journalistisch ausgeschöpften Arsenal der Empö-
rung: immer wieder Amerika, der Irakkrieg, die überzo-
gene Angst vor Terroristen. Die flirrende Ambivalenz von
Elizabeth Costello lag darin, daß Coetzee beides erreichte:
unsere Zustimmung zu Elizabeths Thesen und deren Relativierung durch die kunstvolle Infragestellung ihrer Autorität. Das Buch änderte die Einstellung so manchen Lesers zur Frage des Vegetarismus, ohne daß dieser je hätte
sicher sein können, ob der Autor die Überzeugungen seiner zweifelhaften Heldin selbst überhaupt ernst nahm.
Diesmal liegen die Dinge einfacher: Man stimmt Coetzees leitartikelhaft räsonierendem Helden manchmal zu,
dann wieder schüttelt man kurz den Kopf; so oder so
aber bleiben einem seine Meinungen im Grunde ebenso
gleichgültig wie deren Relativierung durch die darunter
herlaufende Erzählung.

Den roten Faden durch Coetzees Werk der letzten
Jahre bildet wohl sein Bemühen, die schriftstellerische
Autorität, die Macht des Schreibenden über seine Figuren und auch über das Denken des Lesers immer radikaler in Zweifel zu ziehen. In *Mrs. Barton, Mr. Cruso und
Mr. Foe* entwickelt der Dichter Daniel Foe die These, daß
derjenige, der bei den erzählten Ereignissen nicht dabei
war und die Wahrheit nicht kennt, am besten geeignet ist,
eine Geschichte wiederzugeben, in *Elizabeth Costello* sehen wir eine Autorin prononcierte Meinungen vertre-
ten, lernen aber gleichzeitig deren alles Objektive relati-
vierende Wurzeln im Biographisch-Persönlichen kennen.

In *Zeitlupe* geht Coetzee einen Schritt weiter: Elizabeth möchte vor unseren Augen in die Romanhandlung eingreifen, aber ihre Hauptfigur weist die Einmischung ab, will partout nicht anerkennen, daß sie es besser weiß, und beharrt auf ihrer Autonomie über das eigene Leben. So ist es nur folgerichtig, daß Coetzee in *Tagebuch eines schlimmen Jahres* selbst Ziel der Attacke wird: Er sorgt dafür, daß jener von Anya verspottete Schriftsteller, in dem wir immer weniger einen Weisen und immer stärker den bedauernswerten alten Mann wahrnehmen, ihm selbst zum Verwechseln ähnlich sieht. Auch ein großer Dichter, so zeigt er uns, ist keine Autorität, wenn es ums verwirrende Geschäft des Menschenlebens geht. Daß er das mit souveräner Autorität zeigt, ist eine für Coetzee typische Paradoxie. *Tagebuch eines schlimmen Jahres* ist sein bisher letzter Schritt auf einem konsequent verfolgten Weg, es ist aber nicht der künstlerisch radikalste. Als Verehrer dieses vielleicht größten lebenden Schriftstellers englischer Sprache wünscht man sich sein nächstes Buch doch wieder ein wenig vieldeutiger, hofft man, daß die hier so säuberlich durch Trennlinien abgegrenzten Ebenen dann wieder in eins fallen und es wieder mehr Fragen gibt als Antworten.

Kein ehrlicher Rock 'n' Roll
Stephen King: Puls

Schreibt er nun eigentlich Trivialliteratur? Die tiefe Unheimlichkeit von Romanen wie *Es* und *Shining* könnte
Stephen King zum legitimen Nachfolger der großen
Poeten des Horrors – Poe, Lovecraft, Blackwood und Machen – machen, gäbe es da nicht so viele andere von ihm,
blutig, bizarr und flach, deren Schrecken sich nie über
die routiniert aneinandergereihten Brutalitäten erhebt.
In kaum einem Buch ist das Phänomen des Spuks besser
zu Ende gedacht als in *Shining*, wo die Figuren den Gespenstern nicht einfach begegnen, sondern diese vielmehr
selbst, nach Maßgabe der eigenen Rezeptivität für die in
alten Gebäuden nachklingende Vergangenheit, ins Leben
rufen. Als Stanley Kubrick jedoch eben diesen Aspekt in
einer der besten Literaturverfilmungen aller Zeiten betonte und dafür all den Hokuspokus um Gangstermorde,
tödliche Bienen und bissige Feuerwehrschläuche weg-
ließ, war King beleidigt, fühlte sich verraten und organi-
sierte eine solide und grundschlechte Neuverfilmung für
das Fernsehen.

Ausgerechnet in den letzten Jahren, nachdem er in

seinem Buch *Vom Schreiben* die Regeln des Handwerks auf kluge Art erforscht hat und nun auch in literarischen Kreisen die seinen besten Romanen gebührende Anerkennung findet, kehrt er nun wieder zu den Versatzstükken zurück, zum Wohlbekannten und zum fremdproduzierten Klischee. Vielleicht liegt das an einer nach so vielen Romanen ja nicht unverständlichen Erschöpfung, vielleicht auch an einem grundsätzlichen Missverständnis darüber, was intertextuelles Schreiben ist. Dieses besteht nämlich nicht darin, Szenen aus Filmen zu stehlen und dann die Charaktere diese Filme wiedererkennen zu lassen. Außerirdische Embryos, die sich in *Dreamcatcher* in den Leib der Menschen fressen und dann plötzlich daraus hervorbrechen, bleiben auch dann aus *Alien* gestohlen, wenn man die befallenen Leute «Ripleys» nennt; und ein ins Chaos versinkendes Amerika, durch das sich in Kings neuem Roman *Puls* eine kleine Gruppe ihren Weg in die Sicherheit bahnt, ist auch dann eine massive Anleihe bei Stephen Spielbergs Verfilmung von H. G. Wells' *Krieg der Welten*, wenn die Charaktere immer wieder ausrufen, das sei ja alles wie in Spielbergs letztem Film.

Die Handlung von *Puls* lässt sich schnell erzählen. Es liegt an den Handys, man weiß nicht, warum, und es ist auch nicht wichtig: Jeder, der eines benützt, wird plötzlich wahnsinnig und regrediert zum blutrünstigen Monster. Menschen fallen übereinanderher, Chaos entsteht, binnen Stunden ist die Zivilisation ein Ding der Vergangenheit. Die wenigen Normalgebliebenen, die entweder kein Handy besaßen oder schlau genug waren, es nicht zu verwenden, verstecken sich zunächst, sammeln sich dann in kleinen Gruppen und ziehen durch ein von Zombies bevölkertes Niemandsland. Kings Roman folgt einer dieser Gruppen, die erst noch die Dunkelheit und das Versteck sucht, dann zum Angriff übergeht und eine Kolonie der Zombies in die Luft sprengt. Da aber die Zombies – ach, selbst beim Nacherzählen wird man müde – ungeheure Fähigkeiten der telepathischen Selbstorganisation entwickelt haben und mittlerweile sogar fliegen können, sind unsere Helden von nun an Verfolgte. Einiges passiert noch, viel Blut fließt, irgendwann ist der Spuk auch wieder vorbei, und Clay, der Protagonist, findet seinen kleinen Sohn wieder, der allerdings als Handybenutzer den Verstand verloren hat. Kurz bevor sich entscheidet, ob das Kind zu Vernunft und Menschlichkeit zurückgebracht werden kann, endet der Roman.

Ein harmloser Schocker, und dagegen ist auch nichts zu sagen, denn *Puls* will nichts anderes sein, unternimmt keine literarischen Bemühungen, maskiert sich nicht als Kunst. Und doch empfindet man immer wieder Bedauern über so viele versäumte Möglichkeiten. King macht es sich leicht. Wann immer namenlose Nebenfiguren auftreten, nimmt der Autor ein Detail ihrer Kleidung in den Blick und benennt sie fortan, indem er dieses aufruft: «Er drehte sich gerade rechtzeitig nach dem Eiswagen um, um zu sehen, wie Power Suit Woman ins Ausgabefenster hechtete, um den Mister-Softee-Kerl zu fassen zu bekommen.» Einmal, zweimal oder auch fünfmal kann man das machen in einem langen Buch – aber nicht Hunderte Male. Mühsam ist auch der Zwang zum schnoddrigen Dialog, mit dem King offenbar den nicht zu zerstörenden Humor und Kampfgeist seiner Figuren zum Ausdruck bringen will. Aber möchte man wirklich von Leuten lesen, die einander in höchster Lebensgefahr Dinge sagen wie: «Der Kandidat kriegt hundert Punkte», die dauernd «gottverdammt» rufen und von sich als den «Normies» und den anderen als «Phonies» sprechen? Es mag ja an der Übersetzung liegen, aber bald schon wünscht man sich, diese zwanghaften Scherzbolde würden endlich von den Zombies gemordet, damit man endlich von ihren Witzeleien verschont bleibt.

Diese Zombies wiederum sind für King niemals etwas anderes als die Gegner in einem Computerspiel: detailliert ausgemalte Hindernisse, erfunden, um aus dem Weg geschossen zu werden. Keine Sekunde forscht er dem Wesen einer untoten Seele nach, ihrem Dasein zwischen Diesseits und Jenseits und dessen metaphysischen Implikationen. Selbst in dem Moment, da Clay seiner zum «Phonie» gewordenen Ehefrau gegenübersteht, geschieht nichts, kein Zögern, kein Moment der Schwäche, der Angst oder Verwirrung; nein, Clay nennt sie «Miststück» und schiebt sie kurzerhand zur Seite. Natürlich interessiert diese erst gegen Ende auftauchende Exfrau uns Leser ebensowenig, wie sie den Autor interessiert. Aber Clay, der fünfzehn Jahre mit ihr verheiratet war, den müsste sie interessieren, und wäre er ein auch nur halbwegs pla-

stisch imaginierter Charakter, er könnte sich nicht so verhalten. Da er aber bloß eine Spielfigur ist und der Erfül-
lungsgehilfe des Autors, vergisst er seine Frau so schnell
und spurlos, wie es eben nötig ist, damit die Handlung
weiterrasen kann.

Die «Phonies», so eine von Kings interessanteren
Ideen, versammeln sich nachts auf Sportfeldern, die sie
über Lautsprecheranlagen mit Musik beschallen. Tags-
über also gnadenlose Monster, nachts jedoch versunken
in musikalische Trance. Hier deutet sich ein Bruch an,
eine Widersprüchlichkeit, wie sie dem Buch sonst fremd
ist, aber King ist ebenso taub dafür wie seine «Normies»,
die sich bloß vor dem Musikgeschmack der Untoten
ekeln. Zunächst hören diese Lee Ann Womacks «I Hope
You Dance», Dean Martins «Everybody Loves Some-
body Sometimes» oder Balladen von Debby Boone. Und
dann folgendes: «Aus den riesigen Konzertlautsprechern
dröhnte Schuberts ‹Ave Maria›. Ich würde meine Seele
für etwas ehrlichen Rock 'n' Roll verkaufen, dachte Clay.
Chuck Berry mit ‹Carol›, U2 mit ‹When Love Comes to
Town› ...»

Ja, das würde er wohl. Stephen King ist so durch und
durch Geschöpf der Populärkultur, daß ihm Schuberts
«Ave Maria» eben auch nichts anderes ist als fades Zeug,
dem ausgesetzt man seine Seele verkaufen würde für ein
wenig «ehrlichen Rock 'n' Roll». Bedauerlich ist das nicht
seines anfechtbaren Musikgeschmacks wegen, sondern
weil Kings Welt dadurch so platt wird, so kulissenhaft
und öde. Man hat den Eindruck, daß er Clay ganz und

39

gar recht gibt, daß er selbst auch nicht ahnt, daß es einen Unterschied gibt zwischen Schubert und den Liedern von Debby Boone: alles eins, Softie-Zeug eben, Gedudel, Musik, die gute Typen nie hören würden.

Schnell durchlesen also, zuschlagen und vergessen, ein Buch für eine lange Bahnfahrt oder jenen sprichwörtlichen Urlaub, in dem man das Recht zu haben glaubt, anspruchslose Bücher zu lesen? Ja und nein. Denn bei genauer Lektüre zeigt sich eine zweite Ebene, von der womöglich King selbst wenig bemerkt hat. Den meisten Rezensenten schien *Puls* etwas mit Terrorismus zu tun haben. Die Zombies, schlossen sie, könnten eine Chiffre für al-Qaida sein, für die Gefahr, die Amerika vermeintlich oder wirklich bedroht, und der von King imaginierte Ausnahmezustand das Bild der USA nach dem von allen Seiten befürchteten Anschlag, der die Zivilisation beendet und alles in den Zustand urtümlichen Schreckens zurückwirft. Eine naheliegende Lesart, gewiß, aber eine oberflächliche.

Denn eine kleine Gruppe, die sich durch eine Wüste der durch massenmediale Elektronik herbeigeführten Verblödung kämpft, im Bewußtsein, daß jeder, der nicht zu ihr gehört, ein Feind ist, ein Wesen außerhalb der Humanität, das getötet werden muß – wem käme das nicht bekannt vor? Eine Untergrundzelle, die sich bemüht, auf möglichst wirkungsvolle Weise möglichst viele Verdorbene, die man nicht mehr aus ihrem Zustand befreien kann, zu vernichten, mit soviel Sprengstoff wie nötig, ohne Rücksicht auf das eigene Leben? Wenn es in diesem Roman um al-Qaida geht, dann steht die kleine Zelle von Helden (der englische Originaltitel *Cell* bezieht sich wohl in erster Linie auf die mobilen Telefone, könnte aber auch die im verborgenen agierenden Zombie-Mörder meinen) für den Terror, und wenn dieser Roman überhaupt etwas mit Terrorismus zu tun hat, dann ist er die kompromißloseste Nachempfindung der fundamentalistischen Weltanschauung und ihrer wirren Mischung von Isolation, Erwählungsgefühl und Feindschaft gegen die gefallene Welt, die seit Joseph Conrads *Geheimagent* geschrieben wurde.

Liest man *Puls* so, dann wird das Buch mit einem Schlag vieldeutig, komplex und irritierend. Ein Terrorroman, aber die Terroristen sind die Helden, und wir alle, die Leser, sind die durch dröhnenden Blödsinn, Propaganda und triviale Unterhaltung eingeschläferten «Phonies». Aus dieser Perspektive ist *Puls* erschreckend und ambivalent, ganz wie die Bücher aus Kings großer Zeit.

Würde Stephen King diese Lesart gefallen? Vielleicht wäre er ebenso entsetzt darüber wie über Kubricks Interpretation von *Shining* als einer Meditation über Ehehölle, Alkoholismus und die Schrecken leerer Häuser. King ist nach eigener Aussage ein Autor, der intuitiv arbeitet, der sich selbst kaum befragt; ein Autor, dessen beste Stoffe weit mehr hergeben, als er selbst weiß, und dessen dunkle Visionen aus Quellen stammen, tiefer, als ihm bewußt ist. In künstlerischer Hinsicht wird diese Eigenschaft wohl seine Rettung sein. Sie ist es, die ihn bei aller Plattheit seiner Prosa dann doch zum Verwandten von Poe und Lovecraft macht und deretwegen er schließlich seinen festen Platz in den Literaturgeschichten einnehmen wird.

... und hör'n die herrlichste Musik
Kleistpreis-Laudatio auf Max Goldt

Das wird eine langweilige Rede. Nein, keine Koketterie, ich bitte Sie, diese Ankündigung ernst zu nehmen. Was bleibt mir auch anderes übrig! Soll ich versuchen, witzig zu sein in Anwesenheit von Max Goldt? Soll ich Sie mit eigenen Pointen traktieren, während Sie mit höflichem Lächeln darauf warten, daß ich endlich das Podium freigebe und ihn heraufflasse? Bieten könnte ich natürlich eine Ansprache voller Zitate: die originellsten, klügsten und komischsten Stellen aus dem Goldt'schen Werk, locker verbunden durch einigermaßen elegante Überleitungen. Das würde ich schon hinkriegen, sofort herrschte Heiterkeit, man wäre gespannt, man hinge an meinen Lippen, das haben Goldts Sätze so an sich. Aber Goldt zu loben, nicht ihn zu bestehlen bin ich hier, und darum sehen Sie mich wildentschlossen zu Ernst und Analyse. Schiller wird zitiert und Petronius wird erwähnt werden, von Thomas Mann und Laurence Sterne, von Karl Kraus und P. G. Wodehouse wird die Rede sein, und auf dem Heimweg werden Sie sagen: «Ein bißchen langweilig war es, und, mein Gott, all die Namen, aber er hat sich immerhin Mühe gegeben!»

Auch vom Lachen werde ich sprechen müssen. Ich weiß, das ist heikel, und ich wage es kaum, jetzt in Max Goldts Richtung zu blicken. Er hört dieses Wort gar nicht gerne, es macht ihn ärgerlich, wenn man ihn einen Humoristen nennt, und er hat ja auch recht: Zu oft gilt der Umstand, daß etwas lachen macht, als Indiz für eine gewisse Mittellage des ästhetischen Wertes. Große Kunst, so nehmen nicht ganz urteilsfeste Menschen an, solle trist sein, bedächtig, schwerfällig, und man müsse ihr noch Mühe, Last und Qual der Produktion anmerken; am besten solle ihr Autor noch wortreich beklagen, daß er gar nicht imstande sei, die Wirklichkeit in Worte zu fassen. Max Goldt aber ist dazu imstande, muß man ihm das zum Vorwurf machen? Gelächter, hat er einmal gesagt, sei das am leichtesten zu erzeugende Geräusch, und das stimmt natürlich – aber nur für ihn. Zu erwähnen, daß man bei der Lektüre seiner Bücher so lange und laut lachen kann, daß ausdrücklich davon abzuraten ist, diese im öffentlichen Raum zu unternehmen, kann im Land der traurigen Dichter schon als Abwertung verstanden werden, und nichts wäre gegenüber diesen Wunderwerken an Subtilität, diesen Spiegelkabinetten von Eleganz, Klugheit und feindosiertem Wahnsinn verfehlter. Inzwischen hat sich immerhin herumgesprochen, daß es sich bei Goldt um einen der bedeutendsten deutschen Schriftsteller der Gegenwart handelt, doch ganz dreist möchte ich hinzufügen, daß er darüber hinaus der vielleicht witzigste ist, der je in dieser Sprache geschrieben hat. Ich weiß, Superlative fordern Widerspruch heraus, aber versuchen Sie es

44

nur, viele andere Namen werden Sie mir nicht nennen können, und auch im größeren Zusammenhang fällt mir außer dem exzentrischen Genie P. G. Wodehouse keiner ein, der sich an komischer Kraft mit ihm vergleichen läßt. Goldt und Wodehouse haben gemeinsam, daß es bei ihnen keine oberflächlichen Scherze gibt, daß es die Sprache selbst ist, aus deren Tiefen die Komik aufsteigt, und daß sie aus diesem Grund auch beide kaum übersetzbar sind, aber während Wodehouse' inhaltlich doch streng konventionelle Romane keine Rätsel aufgeben, stellt einen der Versuch, das Werk Max Goldts zu analysieren, vor echte Probleme. Will man sich seinen Texten wirklich stellen, die man übrigens ebensowenig Kolumnen nennen sollte wie jene von Karl Kraus Zeitungsartikel, ja will man erklären, was sie ausmacht und wie sie funktionieren, so kommt man rasch ins Stottern.

Denn Goldts Literatur ist emphatisch nichtnarrativ. Da bewegen sich keine Charaktere, sondern Gedanken, es gibt keine Handlung, und meist sind da keine anderen Hauptdarsteller als die deutsche Sprache und die frei flottierende Aufmerksamkeit des Autors. Es liegt nahe, dies ein Prinzip der Abschweifungen im Sterne'schen Sinn zu nennen, aber das stimmt nicht recht: Abschweifen kann man nur von einem Hauptthema, zu dem man sich zurückzukehren vornimmt, und bei Goldt liegt von vorneherein weder dies Thema noch auch ein Plan zur Rückkehr vor. Journalisten nennen ihn gerne einen – verzeihen Sie, Herr Goldt, aber das Wort muß fallen – «Alltagsbeobachter», und diese Formulierung verrät in

45

ihrer Hilflosigkeit doch viel über sein literarisches Projekt: Beobachter, das soll heißen, daß er genau hinsieht auf Dinge, die wir auch sehen könnten, wenn wir nur ein wenig aufmerksamer wären, etwas klüger, ein bißchen begabter, das Seltsame und im eigentlichen Wortsinn Bemerkenswerte zu erkennen, das uns umgibt. Aber wie er eben kein Abschweifer ist, sondern ein Vertreter denkender Offenheit, so ist er auch kein Beobachter, denn das Bestimmende an ihm ist seine Unzudringlichkeit; er späht Dingen und Leuten nicht nach, er ermächtigt sich ihrer nicht, er ist bloß wie zufällig in der Nähe und nimmt wahr, er geht, wie sein eigener Buchtitel es formuliert, seitlich vorbei. Und Alltag – das bedeutet nur, daß sein Thema *alles*, daß bei ihm nichts von vorneherein ausgeschlossen ist. Nichts ist zu nebensächlich und klein, aber auch nichts zu groß, um Inhalt seiner milden Aufmerksamkeit, Gegenstand seiner scharfen Intelligenz zu werden. Apropos Intelligenz: Max Goldts Texte haben die fürs literarische Gelingen keinesfalls notwendige, aber für das Dasein des Lesers sehr hilfreiche Eigenschaft, daß seine Urteile in praktisch allen Fällen stimmen. Seinetwegen achte ich streng darauf, niemals zu früh am Ort einer Einladung zu erscheinen, seinetwegen denke ich gar nicht daran, mich bei Vorstellungen welcher Art immer in die erste Reihe zu setzen, und seinetwegen würde ich Mitarbeitern der Bild-Zeitung nur die Hand geben, wenn ich es gar nicht vermeiden kann. Und ich weiß, daß es vielen so geht. Wie sein Satirikervorfahr Petronius ist Goldt ein *arbi-*

ter elegantiarum des zeitgenössischen Lebens, scheinbar Ästhet, letztlich aber der unaufdringlichste Moralist, der sich und uns die zahlreichen ethischen Minimalentscheidungen bewußtmacht, an denen entlang wir uns zwar nicht durch unseren Alltag, aber durch alle unsere Tage hanteln und für die wir blind waren, bevor sein Blick darauf fiel.

Das soll aber nun alles nicht zu seriös klingen. Man tut Goldt unrecht, man verkleinert seine Leistung, wenn man übergeht, welcher Mut zum Irrsinn und zur Absurdität sich hinter der Ruhe seiner Prosa verbirgt. Wer die perfekte Syntax seiner Sätze liest, wird nicht durch Zufall oft an Thomas Mann erinnert – und tatsächlich ist das einer der wenigen Autoren, zu deren Einfluß sich Goldt bekennt. Bei Goldt wie bei Mann entsteht der Witz aus selbstbewußtem Manierismus, aus einer ironischen Überinstrumentierung des sprachlichen Materials; aber bei Goldt wird dieses Material konfrontiert mit seinem Gegenteil: dem Sprachmüll der Medien, allen Registern der Umgangssprache, der starren Knappheit der Bildergeschichte.

Die Comics: Ausdrücklich soll hervorgehoben sein, daß er den Preis auch für sie bekommt und daß ein Teil der Würdigung seinem Comicduopartner Stephan Katz gebührt. Die Comics sind ein zentraler Teil seines Werkes, und hätte er nichts geschaffen als sie, der Kleistpreis stände ihm immer noch zu. Goldts Zugriff adelt auch hier das scheinbar Unseriöse, und aus der Energie populärer Formen gewinnt seine Kunst eine Kraft und Originalität, wie sie aus den Seminarräumen der Universitäten nie hätte kommen können. Jetzt doch, ausnahmsweise, ein Zitat:

«Schneid mich aus dem Leib der Erde
Schneid mich raus und wirf mich weit
Wirf auf daß ich ewig falle
Fallende, so heißt es doch,
haben alle Zeit auf Erden
und hör'n die herrlichste Musik.»

Ein Songtext aus Goldts Musikerzeit, aber wer könnte leugnen, daß es sich um große Lyrik handelt? Daß er nicht in einem Gedichtband veröffentlicht wurde, sondern auf einer Langspielplatte, begleitet von Gerd Pasemanns erstaunlich wenig gealtertem Riff, ist nur eine weitere Stärke dieses Autors, dem so einschüchternd wenig von der wohlfeilen Verquältheit deutscher Gegenwartsliteratur anhaftet, daß es viel zu lange gedauert hat, bis offensichtlich wurde, daß er nicht nur zu ihr gehört, sondern geradewegs an ihre Spitze.

Humor, wenn sein Resultat Kunst sein soll, lebt von plötzlicher Erhellung, von einer blitzartig sichtbar werdenden Inkongruenz zwischen der chaotischen Welt und jenem Begriff, auf den die Vernunft sie zu bringen unternimmt: Der ordnende Verstand funktioniert und versagt im selben Moment, nichts ist lustig ohne ein noch so kurzes Aufflackern echter Erkenntnis. In einer perfekten Welt gäbe es nichts zu bemängeln, aber auch nichts zu la-

48

chen, doch auch wer sich mitreißen läßt von Ärger oder Trauer, verliert das Potential zum Witz. Der Humorist braucht einen klaren Blick, noch mehr aber braucht er Gelassenheit. Friedrich Schiller unterscheidet zwei Arten der Satire: die strafende und die lachende, also jene, die die Unvollkommenheit des Wirklichen mit Zorn und jene, die sie mit Lächeln wahrnimmt, und nur die zweite ist im wahren und erfüllenden Sinne lustig. «Die strafende Satire erlangt poetische Freiheit, indem sie ins Erhabene übergeht; die lachende Satire erhält poetischen Gehalt, indem sie ihren Gegenstand mit Schönheit behandelt.»

Man muß nicht lange überlegen, zu welcher Kategorie Goldt gehört, und in diesem Sinn, nicht in jenem der Fernsehblödler und schreibenden Witzbolde, kann und darf man ihn einen Satiriker nennen. Auch bei ihm geht es um die Kluft zwischen der Welt, wie sie ist, und der Welt, wie sie sein sollte, aber Goldt selbst steht vor dem Abgrund mit gelassener Ruhe. Das Wesen der lachenden Satire und damit ihres Schöpfers ist es laut Schiller, «frei von Leidenschaft zu sein, immer klar, immer ruhig um sich und in sich zu schauen, überall mehr Zufall als Schicksal zu finden und mehr über Ungereimtheit zu lachen, als über Bosheit zu zürnen oder zu weinen».

Erkennen wir ihn hierin nicht sofort? Und auch die Vermischung von literarischem und menschlichem Urteil, die zu vermeiden wir unaufhörlich in den Germanistikseminaren beschworen wurden, drängt sich wieder einmal auf. Über Ungereimtheiten lachen – das ist nicht nur ein literarisches, es ist ein Lebensziel. Klug und klar durch die Welt gehen, aufmerksam und ohne Groll, begleitet von hellem Witz und einer Intelligenz, die kein Vorurteil duldet und keine Phrase – wer es so weit gebracht hat, der hat es sehr weit gebracht, und wer es noch nicht so weit gebracht hat, muß sich weiter strebend bemühen und tut nicht schlecht daran, währenddessen Max Goldt zu lesen.

Vier Kritiker bereisen die Hölle
Roberto Bolaño: 2666

Vier Literaturwissenschaftler, spezialisiert auf den rätselhaften deutschen Romancier Benno von Archimboldi, treffen sich im verregneten Deutschland und dann in diversen europäischen Städten auf tristen Kongressen. Bald entsteht ein Geflecht von Beziehungen: Zwei von ihnen, ein Italiener und ein Franzose, verlieben sich in ihre englische Kollegin Liz Norton, die mit beiden eine Affäre beginnt. Alle sind sie zurückhaltende, komplizierte und hochkultivierte Menschen, die ihre Konflikte in langen Gesprächen zu bereinigen versuchen; unterdessen steigt Benno von Archimboldi vom Geheimtip zum weithin gelesenen, schließlich sogar nobelpreisverdächtigen Autor auf – und bleibt doch unauffindbar; niemand hat ihn gesehen, keiner weiß etwas über seinen Verbleib. Nur ein Gerücht gibt es: Archimboldi soll in der mexikanisch-amerikanischen Grenzstadt Santa Teresa gesehen worden sein. Kurz entschlossen brechen die Philologen auf – und bald schon werden sie von schrecklichen Träumen und Vorahnungen gequält, etwas Schlimmes scheint im Anzug. Die drohende Atmosphäre verdichtet sich, sobald sie in Santa Teresa angekommen sind, wo sich gerade eine Serie brutaler Frauenmorde ereignet. An diesem Punkt bricht ihre Geschichte ab, und der erste von fünf Abschnitten, «Der Teil der Kritiker», in Roberto Bolaños unvollendetem Großprojekt *2666*, selbst so lang wie ein vollständiger Roman, findet sein abruptes Ende.

Der zweite Abschnitt, «Der Teil von Amalfitano», erzählt von einem Universitätsprofessor gleichen Namens, dem örtlichen Kontaktmann der vier Germanisten, den einerseits die Angst um seine Tochter Rosa, andererseits die Gespräche mit einer nächtlichen Geisterstimme, die vermutlich seinem toten Vater gehört, allmählich um den Verstand bringen. Eben jene Tochter Rosa ist eine Hauptfigur des dritten Teils, «Der Teil von Fate», in dem der nordamerikanische Journalist Oscar Fate aus seiner Heimat New York nach Santa Teresa geschickt wird, um einen Artikel über die immer mehr ausufernde Serie der Morde zu schreiben. Fate und Rosa werden ein Paar, verzweifelt bittet Amalfitano den Journalisten, seine Tochter mit in die USA zu nehmen, um sie vor dem Schicksal zu bewahren, ein weiteres Verbrechensopfer zu werden.

Allmählich klärt sich das Netz der Anspielungen, Bezüge und Spiegelbilder, und man begreift, daß die Stadt Santa Teresa nichts anderes ist als das Zentrum des Bösen, als eine Hölle, der keiner, der sie einmal betreten hat, heil an Körper und Seele wieder entkommt. Nun stürzt der Roman sich direkt in die Finsternis. Auf fast vierhundert Seiten erzählt «Der Teil von den Verbrechen» im kühlen Reportageton von einem Gewaltdelikt nach dem anderen. Die subtilen Verwicklungen zwischen den Literaturwissenschaftlern scheinen ebenso fern wie die Nöte des schlaflosen Amalfitano. Wer es durch diesen schier endlosen, brutalen, aber grandios und sogar witzig geschriebenen Alptraum geschafft hat, gelangt zum «Teil von Archimboldi», in dem wir in einem langen Rückblick erfahren, daß dieser mit eigentlichem Namen Hans Reiter heißt. Wir lernen ihn als jungen Mann und Wehrmachtsoldaten kennen und folgen ihm, bis er sich schließlich nach Mexiko aufmacht, wo sein Neffe, den wir bereits im vorigen Teil kennengelernt haben, als Hauptverdächtiger der Frauenmorde verhaftet worden ist.

Und so endet ein uferloser, ein schlechthin ungeheuerlicher Roman. Wie sehr er noch Fragment ist und was der 2003 verstorbene Autor daran geändert hätte, hätte er lange genug gelebt, um ihn selbst für die Publikation vorzubereiten, darüber kann man nur spekulieren; man muß sich wohl damit bescheiden, das Buch, das uns vorliegt, so zu lesen, als wäre es ebenso abgeschlossen wie Bolaños anderer Großroman, *Die wilden Detektive*, publiziert im Jahr 1998.

Tatsächlich kann man *2666* am besten verstehen, wenn man es mit dem früheren Roman vergleicht. Auch dort geht es um eine rätselhafte Autorengestalt, auch dort besteht ein ausufernd langer Mittelteil aus aneinandergereihten Erzählpassagen in vielen Dutzend Stimmen und Stilen. Bolaño kann man wie wenigen anderen zuschreiben, was Hannah Arendt am Beispiel von Auden und Brecht «die für die Spätgekommenen charakteristische Facilität in der Beherrschung aller poetischen Spielarten» nannte: Er konnte alles, er traf jeden Stil mit traumwandlerischer Leichtigkeit, und das für ihn Typische ist eben, daß es keinen typischen Bolaño-Ton gibt. Ebenso charakteristisch ist Bolaños Mut zur formalen Offenheit. Bei ihm bleiben die lang erwarteten Begegnungen stets aus, die wohlgeschürzten Knoten werden nicht aufgelöst, die klug ausgelegten Spuren führen ins Nichts. Vielleicht hat noch nie ein Schriftsteller solch eine Beherrschung der Erzählkonventionen mit einer solchen Gleichgültigkeit gegen ebendiese in sich vereint.

2666, das ist eigentlich nicht ein Roman, es sind fünf Romane, unterschiedlich in Motiven, Ton und Technik, die von fünf Seiten aus auf die infernalische Grenzstadt Santa Teresa zulaufen – also das mexikanische Ciudad Juarez, wo es bekanntlich wirklich eine ungeklärte Serie von Frauenmorden gibt; und tatsächlich erwog Bolaño für eine Weile, die fünf Teile unabhängig voneinander zu veröffentlichen, was als literarisches Experiment wohl noch interessanter, publikationstechnisch aber kaum möglich gewesen wäre. Jeder der Teile ist an andere literarische Vorbilder angelehnt: «Der Teil von den Verbrechen» etwa ist in einem kühlen Reportagestil verfaßt, in dem Norman Mailers *Lied vom Henker* nachklingt, in den Harlem-Schilderungen des «Teils von Fate» nimmt man Echos von Bukowski und Raymond Chandler wahr, während der «Teil von den Kritikern» in seiner kryptischen Unheimlichkeit nicht nur vom Einfluß

Jorge Luis Borges', sondern auch des von Bolaño verehrten Filmemachers David Lynch zeugt – und überhaupt dürfte die Idee einer Kleinstadt als metaphysischer Hölle Lynchs entsetzlicher Gemeinde *Twin Peaks* mehr verdanken, als der erste Blick verrät.

2666 ist ein kühnes, wildes, hochexperimentelles Ungetüm von einem Roman. In der vorliegenden Form keineswegs perfekt – besonders der zweite, dritte und fünfte Teil haben große Längen –, ist er doch immer noch so ziemlich allem überlegen, was in den letzten Jahren veröffentlicht wurde. *2666*, das kann man getrost voraussagen, wird für die Literatur Südamerikas so prägend sein wie in der vorangegangenen Generation die Hauptwerke von Márquez, Vargas Llosa und Cortázar.

Bemerkenswert ist allerdings auch die Geschwindigkeit, mit der dieser zu Lebzeiten fast unbekannte Schriftsteller in den Jahren nach seinem Tod weltweite Anerkennung gefunden hat. Ein Phänomen wie aus einem Roman von ihm: So oft stehen bei Bolaño Schriftsteller im Mittelpunkt, die nie auftreten, geheimnisvolle Dichter, über die viel spekuliert wird, die aber keine Antwort geben. Nun befindet sich solch ein abwesender Schriftsteller auch im leeren Zentrum von Bolaños mittlerweile weltberühmtem Gesamtwerk. Es ist ein Werk, das uns beweist, daß die Möglichkeiten zu erzählerischen Experimenten noch lange nicht ausgeschöpft sind. Alles darin ist vieldeutig, nur an einem läßt es keinen Zweifel: daß das Schreiben zu den wichtigsten Unterfangen gehört, denen ein Mensch sich in seinem kurzen Leben hingeben kann, daß in dieser gefallenen Welt kaum etwas so viel Hingabe verdient wie die Literatur.

Die Angelegenheit hat allerdings auch einen weniger romantischen Aspekt. Als Bolaño 2003 beinahe mittellos an Leberversagen starb, stand sein Name schon seit geraumer Zeit auf der Warteliste für eine Lebertransplantation. Wäre er damals schon der weltberühmte Autor gewesen, der er nach seinem Tod wurde, er hätte wohl eine bessere Krankenversicherung und größere Chancen auf die rettende Operation gehabt. Posthumer Erfolg ist ein berückendes Schauspiel, da er das Vertrauen in eine gerechte Nachwelt stärkt, aber wäre die Anerkennung ein wenig schneller gekommen, dieser Schriftsteller würde mit einiger Wahrscheinlichkeit noch leben, er würde weitere Bücher schreiben, und 2666 läge uns nicht als gewaltiger, mysteriöser Torso vor, sondern als fertiger Roman.

Imre Kertész, 80

An Geburtstagen erscheint das Leben folgerichtig, es sieht dann aus wie eine Geschichte, die ein guter Erzähler erdacht hat und die keinen anderen Verlauf hätte nehmen können. Erreicht ein Mensch hohes Alter, ist berühmt, ein großer Künstler und ausgezeichnet mit dem ehrwürdigsten Preis, den das Abendland vergibt, so können wir kaum anders, als uns darin bestärkt zu sehen, daß die Dinge im Menschenleben schon ihre Ordnung haben und daß man letztendlich bekommt, was man verdient.

«Es machen sich jedem gewisse Vorgänge bemerklich», schreibt Arthur Schopenhauer, «welche einerseits, vermöge ihrer besondern und großen Zweckmäßigkeit für ihn, den Stempel einer moralischen oder inneren Notwendigkeit, andererseits jedoch den der äußeren gänzlichen Zufälligkeit deutlich ausgeprägt an sich tragen. Das öftere Vorkommen derselben führt allmählich zu der Ansicht, die oft zur Überzeugung wird, daß der Lebenslauf des einzelnen, so verworren er auch scheinen mag, ein in sich übereinstimmendes, bestimmte Tendenz und belehrenden Sinn habendes Ganzes sei, so gut wie das durchdachteste Epos.» Das steht in der Abhandlung *Über die anscheinende Absichtlichkeit im Leben des einzelnen*, und wer wollte dem Philosophen, an einem Tag wie diesem zumal, widersprechen?

Einer, der es wohl tun würde, ist der Erzähler von *Kaddisch für ein ungeborenes Kind*. Er liest jene Abhandlung Schopenhauers in einem von «vier dicken schwarzen Bänden, die jeglicher Zensur, Bücherverbrennung, Einstampfung, jeglichem Buch-Auschwitz getrotzt haben». Wenn so unvermittelt und ohne Erklärung ein Titel genannt wird, dann hat es mit diesem wohl eine besondere Bewandtnis. Wir könnten, erklärt Schopenhauer in seinem grandiosen metaphysischen Capriccio, gar nicht anders, als in unserem Leben Absicht und Notwendigkeit zu finden, wir schrieben unsere Lebensgeschichte selbst, nicht als Handelnde, sondern als Träumer eines großen Traums, und sogar unser Unglück sei im dramaturgischen Sinn notwendig. Und wie jene Schopenhauer-Bände in *Kaddisch* allen Katastrophen und jedem «Buch-Auschwitz» zum Trotz doch überdauert haben, so scheint auch der alte Schicksalsbegriff, den Schopenhauer noch einmal frei aller religiösen Tradition belebt, jede Widerlegung durch das zwanzigste Jahrhundert überstanden zu haben. Denn wir denken ja immer noch nur zu gern, es hätte eine Bewandtnis mit uns – und natürlich bestärkt der Geburtstag eines Künstlers, den wir verehren und dessen Leben zu Erfolg und Ruhm geführt hat, uns in dieser fast unvermeidlichen Überzeugung.

Es sei denn, dieser Künstler heißt Imre Kertész. Läßt nicht sein ganzes Werk sich als Widerspruch zu Schopenhauers Abhandlung lesen? Nicht umsonst trägt sein berühmtester Roman das Wort «schicksallos» im Titel, nicht umsonst bildet dieser gemeinsam mit *Kaddisch* und *Fiasko* eine «Trilogie der Schicksallosigkeit». Jedes einzelne von Imre Kertész' Büchern stellt radikal die Frage, ob wir nach dem, was geschehen ist, noch ein Schicksal haben, ja inwiefern wir überhaupt noch das Recht in Anspruch nehmen können zu behaupten, unser Leben sei eine Geschichte und habe narrativen Sinn.

Wie seltsam, eine Geburtstagsrede zu halten und nicht um das Wort Auschwitz herumzukommen. Aber wer von Imre Kertész spricht und nicht nur den Menschen meint, dessen Weisheit, Humor und Anstand wir bewundern, sondern auch den Schriftsteller, dessen Auftreten – zunächst so unbemerkt, später um so nachhaltiger wirkend – ein Ereignis der europäischen Kulturgeschichte ist, der muß auch davon reden. Kertész hat uns zu verstehen gelehrt, daß das Skandalon von Auschwitz sich nicht in der bestialisch industrialisierten Gewalt erschöpft, die einer Gruppe von Menschen zu einem gewissen Zeitpunkt angetan wurde, sondern daß das, was dort vorging, uns alle für immer zu Verlorenen macht. Wer nunmehr noch für sich ein Schicksal in Anspruch nimmt, der schreibt auch den ermordeten Millionen eines zu; wer sagt, sein Leben bewege sich auf ein notwendiges Ziel zu, der impliziert, auch die Leben der Getöteten hätten ein solches gehabt, das unter diesen Umständen eben nur die Gaskammer sein konnte; wer dem eigenen Dasein innere Logik zuschreibt, der weist sie auch dem Dasein der Ermordeten zu, und weil diese Implikation ungeheuerlich ist, unanständig, absurd und moralisch nicht akzeptabel, haben auch wir, jeder einzelne von uns, mit den als Rauch in die Luft Gestiegenen unsere Bestimmung verloren. Auschwitz sei, so hat Kertész mehrmals geschrieben, das Schwerwiegendste, das der abendländischen Kultur seit dem Kreuz zugestoßen sei, das «traumatischste Ereignis in der westlichen Zivilisation, das man vielleicht einmal als den Beginn einer neuen Zeitrechnung betrachten wird». Das ist nicht die Forderung nach Aufarbeitung, nach Erinnerungs- oder Trauerarbeit oder ähnlichem Kitsch, es ist das Gegenteil, eine schlichte Feststellung, und hyperbolisch scheint sie nur dem, der das Gewicht des Vorgefallenen unter Verwendung handlicher Betroffenheitsphrasen ignoriert. «Ich hatte», so der Erzähler von *Fiasko*, «das einfache Geheimnis der mir gegebenen Welt begriffen: überall und jederzeit erschießbar zu sein.» Wer ein Schicksal hat, kann nicht überall und jederzeit getötet werden, eine nicht für ihn bestimmte Kugel wird ihn nicht treffen, das ihm von der Weltordnung zugedachte Lebensalter wird er erreichen, gleich wie viele Stacheldrahtzäune ihm den Weg versperren – umgekehrt aber sind wir in einem Kosmos, in dem wir jederzeit wirklich ermordbar sind, dem Zufall ganz ausgeliefert, und ob wir alt werden und glücklich oder schon auf den ersten Metern scheitern, kann niemand voraussagen, es ist beides gleichermaßen möglich. «Ich würde mich mit allem abfinden», sagt spöttisch der Erzähler von *Fiasko*, «mit der Konstellation der Sterne bei meiner Geburt, dem alles entscheidenden Code meiner DNS-Moleküle, dem Geheimnis meiner rätselhaften Blutgruppe; mit allem, sage ich, wozu ich zustimmend nicken oder womit ich mich in Ermangelung einer anderen Wahl zufriedengeben könnte: so mußte es kommen, dazu war ich bestimmt – als wüßte ich nicht, daß wir zu nichts bestimmt sind, aber daß wir, wenn es uns gelingt, lange genug am Leben zu bleiben, es nicht vermeiden können, zu irgend etwas zu werden.»

Zum Beispiel zum Schriftsteller. Was für ein Paradox: Ein Mann überlebte, aber er hätte auch nicht überleben können, er widerstand der Lähmung durch die kommunistische Diktatur, er hätte ihr aber auch unterliegen können, er schuf sein großes Werk, aber dieses hätte genausogut ungeschaffen bleiben können, und obgleich er zu guter Letzt verdientermaßen weltberühmt wurde, könnte er genausogut unverdient vergessen sein. Ein kaum erträglicher Gedanke, aber Imre Kertész selbst hat uns beigebracht, ihn zu denken. Doch auch wenn wir einräumen, daß es kein Schicksal gibt, keine Bestimmung und nicht einmal den Ansatz einer gerechten Fügung, so dürfen wir es doch ein Glück nennen, daß das blindwütige Walten der Umstände einen Berichterstatter, Künstler und Denker verschonte, der fähig war, das Jahrhundert der Schrecken zu erfassen, zu deuten und schreibend nachzuerfinden.

Und um wieviel leichter wird alles, um wieviel heller und erfreulicher, sobald man von Imre Kertész, dem Erfinder und Gestalter, spricht. Seine Leistung besteht ja genau darin, daß er es unternahm, sich den eigenen Erinnerungen als Künstler zu stellen; im schöpferischen Gelingen, wie dunkel der Stoff auch sein mag, liegt stets ein Element der Erhellung, ja der Durchheiterung. So viel ist gesagt worden über den eigentümlichen Unschuldston im *Roman eines Schicksallosen*, über das «schöne Konzentrationslager», über Kertész' Wagnis, das Ungeheure so dazustellen, als wäre es alltäglich. Aber man muß auch von den kunstvoll aufeinandergeschichteten Fiktionsebenen von *Fiasko* sprechen – einem Roman, in dem das Erzählen ganz aufgehoben scheint in der Reflexion und in dem zugleich die Reflexion ganz aufgeht im Parlando des Erzählens. Man muß davon sprechen, wie Imre Kertész in *Die englische Flagge* auf nur ein paar Seiten eine Zeit des Umbruchs lebendig werden, wie er eine Freiheitsmöglichkeit sich andeuten und in wenigen Sätzen und einer einzigen Handgeste aus dem Fenster eines davonfahrenden Autos wieder verlorengehen läßt, so daß für den eiligen Leser gar nichts geschehen ist, während der aufmerksame eine Tragödie erkennt. Und da ist natürlich das atemberaubende Verwirrspiel um einen Überlebenden, der das einmal Geschriebene zurücknehmen möchte, als wäre dies möglich, der keinen Nachlaß hinterlassen will, als wäre sein wahrer Nachlaß nicht jener Roman, den wir in Händen halten: *Liquidation*. Ein Netz der Spiegelungen und Bezüge verbindet die Bücher zur Einheit: *Roman eines Schicksallosen* oder was geschah; *Kaddisch für ein ungeborenes Kind* oder was es heißt, überlebt zu haben; *Fiasko* oder wie darüber schreiben; *Liquidation* oder was wird, wenn die Zeugen gestorben sind. Daneben die zwei Reflexionswerke *Galeerentagebuch* und *Dossier K.*, eine Selbstbefragung im platonischen Gespräch das eine, das andere ein blitzendes Wunderwerk der Aphorismen und der Illusionslosigkeit. Und dazu, alles andere in nuce enthaltend, *Der Spurensucher*, eine der wenigen perfekten Novellen des zwanzigsten Jahrhunderts, ein Buch über die Lager, in dem nie das Wort Lager fällt, über die Erinnerung und die Schwierigkeit, sich der eigenen Vergangenheit zu nähern, über die Unmöglichkeit, mit dem Geschehenen zu leben, und die Unmöglichkeit, zu leben, als wäre nichts geschehen, eine Novelle auch über Kertész' eigenes paradoxes Schreibunterfangen, ein Kunstwerk so vollkommen, daß man sich ihm kaum als Deuter zu nähern wagt. Der Autor dieser Bücher ist nicht weniger Artist als Nabokov, Borges oder Beckett, und wie sehr er es ist, zeigt schon der schlichte Umstand, daß die einfache Frage, ob sie nun eigentlich autobiographisch sind oder nicht, sich kaum beantworten läßt: Der Lebensstoff, aus dem sie hervorgingen, ist ganz in ihnen enthalten und zugleich transformiert. «Um ihn schreiben zu können», heißt es in *Fiasko*, «mußte ich meinen Roman als das betrachten, was im allgemeinen jeder Roman ist: als ein aus abstrakten Zeichen bestehendes Gebilde, als Kunstgegenstand. Ohne daß ich es bemerkt hätte, hatte ich angesetzt und einen großen Sprung gemacht und war mit einem einzigen Satz vom Persönlichen im Objektiven, im Allgemeinen gelandet; nun aber blickte ich mich verdutzt um. Doch es ist daran gar nichts Verwunderliches: Heute weiß ich, daß ich, als ich anfing, an dem Roman zu schreiben, den Sprung bereits hinter mir hatte.» Ein Gesamtwerk also, das immer auch sein eigenes Werden erzählt, ja dessen Entstehen eines der eigenen Hauptthemen ist, ohne daß es dabei an Welthaltigkeit verlöre; denn auch das Schreiben übers kaum Beschreibbare ist etwas, wovon sich zu berichten lohnt, und auch das literarische Dasein in der Diktatur verlangt, erzählt zu werden.

Das literarische Dasein. «Werde ich am Ende vielleicht noch eine literarische Existenz?» heißt es im *Galeerentagebuch*. «‹Schriftsteller und Übersetzer ...› Haha!» Dieses Auflachen müßte eigentlich alle, die die prekäre Daseinsform des *homme de lettres* gewählt haben, erschauern machen. Im Nachwort zum *Spurensucher* steht: «Vom ersten Augenblick an, da ich zu schreiben begann, bin ich mir über die Nichtigkeit meines Tuns im klaren gewesen.» Dann aber die unerwartete Wendung: «Ich könnte auch sagen, die Nichtigkeit des Schreibens hat mich zum Schreiben gebracht.» Wie soll man das verstehen? Vielleicht so, daß der Schriftsteller sich üblicherweise zu seiner Betätigung geboren und bestimmt glaubt, daß ihm nur aus dieser Überzeugung die Entschlossenheit erwächst, gegen alle Widerstände einer desinteressierten Welt seinem Vorhaben nachzugehen. Für einen aber, der an Bestimmung *nicht* glauben kann, muß die eigene Hartnäckigkeit wie etwas Absurdes aussehen, wie ein Witz und eine Albernheit. Romane zu schreiben über die Vernichtungslager, sich mittels einer literarischen Gattung, die noch vor zwei Jahrhunderten als der Inbegriff leichter Unterhaltung galt, dem Finstersten zu nähern, das kann einem, der solch gesteigerten Sinn hat für das Aberwitzige, im höchsten Maß absurd erscheinen. Und absurd war es auch. Und absurd bleibt es. Aber es ist gelungen. Und heraus kam ein Werk, das nicht untergehen wird, solange Menschen Bücher lesen.

Imre Kertész zeigt uns, daß es sich in einer Welt ohne Schicksal tatsächlich leben läßt. Man darf sich nach wie vor an der Musik freuen, und er tut es ja auch, die Dichtung ist nicht überflüssig geworden, ganz im Gegenteil, Geburtstage dürfen weiterhin gefeiert werden, und Liebe ist nach wie vor das wirksamste Gegengift gegen die Verzweiflung. Immer noch hat es Sinn, das Leben zu gestalten, als hätte es Sinn. «Ich werde mein nicht fortsetzbares Dasein fortsetzen», sagt der Held am Ende des *Romans eines Schicksallosen.* «Es gibt keine Absurdität, die man nicht ganz natürlich leben würde, und auf meinem Weg, das weiß ich schon jetzt, lauert wie eine unvermeidliche Falle das Glück auf mich.»

So kam es auch, gegen alle Wahrscheinlichkeit. Wer hätte ahnen können, wohin dieses nicht fortsetzbare Dasein noch führen, wer wissen, mit welcher Kraft die Falle des Glücks zuschnappen würde! Dankbar dürfen wir dafür nicht sein, denn da ist weder eine Vorsehung noch ein Gott, denen wir zu danken hätten, da ist kein anderer als Imre Kertész selbst. Aber freuen dürfen wir uns, daß er als Mensch und Künstler unter uns weilt.

/ II /

Kleist und die Sehnsucht, kein Selbst zu sein

Romantik, das ist nicht einfach die Liebe zu Natur, Mittelalter und Gespenstergeschichten, sondern die Entdekkung all dessen in der Kunst, während man gleichzeitig weiß, daß es im Leben verloren ist. Die vielleicht letzte Strömung, die die Bedeutung des Wortes Mensch für immer veränderte, ging von einer Gruppe junger Leute aus, denen es Unbehagen bereitete, daß sie zuviel Intellekt hatten, um der Natur nahe zu sein, daß der naive Glaube ihnen ferner war als jeder Ort der Erde und daß die wohligen Schauer, die ihnen die Erzählungen von offenen Gräbern und lebenden Toten über den Rücken jagten, einzig und allein daher rührten, daß sie nicht mehr damit rechneten, solchen Phänomenen zu begegnen. Das moderne Bewußtsein, das eben noch so weimarisch prunkvoll seine Souveränität gefeiert hatte, betrachtete sich selbst, und der Anblick machte es unglücklich.

Dieses Unglück ist noch das unsere. Die große Wasserscheide, wie Ernst Gombrich die Romantik nannte, prägt auch uns noch so sehr, daß alles, was vorher kam, ein wenig fremd erscheint. Könnten wir Lessing, Goethe und

Schiller treffen, so wäre für beide Seiten ein Bemühen nötig, um sich zu verständigen; ganz so, als würden Bürger ferner Länder miteinander reden, von denen jeder die Sprache des anderen zwar beherrscht, sie aber doch in die eigene übertragen muß, bevor er antworten kann.

So empfanden sie es schon damals. Ob es nun der junge Mann aus Düsseldorf war, der darunter litt, daß seine kritische Intelligenz es ihm unmöglich machte, die wundersamen, gewaltigen Melodein der Flußgeister oder den Sonnenuntergang, der am Meer die Fräulein rührt, anders als mit Ironie zu beschwören, oder der Absolvent des Tübinger Stifts, der die Antike so sehr liebte, daß er über sein Los, Zeitgenosse der Druckerpressen zu sein, den Verstand verlor, oder jener Lord, dem die Untätigkeit des Schreibenden so unerträglich wurde, daß er in den nächstbesten Befreiungskrieg eilte und vor dem ersten Kampf am Fieber starb: zwischen ihnen und den Klassikern lagen nur wenige Jahre und eine unüberbrückbare Fremdheit. Am stärksten aber ist sie fühlbar im Fall des von Goethe gründlich mißverstandenen ehemaligen Kindersoldaten, der der Spannung zwischen Gesetz und Leichtigkeit, zwischen den dunklen Antrieben der Seele und den Forderungen der Vernunft nicht wenige der gelungensten Werke unserer Sprache abgewann.

Nicht um die Antike ging es Heinrich von Kleist, auch nicht um die Natur, deren Blütenschönheit in seinem Werk kaum eine Rolle spielt, sondern ums Gesetz. Viel ist geschrieben worden über die Krise, die ihn angeblich bei der Lektüre Kants erfaßte – aber die Wahrheit ist womöglich einfacher und komplizierter zugleich. Kleist und Kant stammten aus derselben preußischen Welt. Die Idee, daß die Vernunft mit stärkerer Stimme als jeder Offizier Forderungen stellt, sie war Kleist vertraut, nicht *durch* Kant, sondern *wie* diesem, aus gleicher Quelle und gleichem Erleben. Nicht umsonst empfahl Ernst Bloch seinen Studenten, Kleist zu lesen, um sich an Kant zu gewöhnen. Schließlich schrieben sie beide die gleichen schier endlos langen, federnd kraftvollen, von immer neuen Einschüben gedehnten Sätze, die ihre Herkunft aus der Sprache des Rechts nicht verleugnen.

Daß der Mensch unausweichlichen Gesetzen unterworfen ist, gerade weil sie ihm kein Gott, kein König und keine Polizei vorschreibt – das ist ein Gedanke, über den man sich leicht lustig machen kann. Zwanghaft wirkt er heute, im Zeitalter der Psychotherapien, ziemlich albern, allerlei Spott fordert er geradezu heraus. Und doch ist er einer der größten, die je gefaßt wurden. Durch ihn erst wird die Moral zu etwas Unausweichlichem. Staat, König und Gott kann man sich widersetzen, doch wer dürfte sich selbst den Gehorsam versagen? Wer diesen Befehl verweigerte, und selbst wenn er dadurch eine Schlacht gewönne, er hätte sein Leben verwirkt; unter solchem Gesetz wird jeder sein eigener Richter, einer, der über sich Recht spricht und den eigenen Kopf in die Schlinge judiziert.

Kleist ist der Dichter dieses Zwangs. Er spürt stärker als irgendeiner die Schwere, mit der das Vernunftgesetz auf uns lastet, zugleich aber ist da immer die paradoxe

Sehnsucht nach einem Dasein, das ohne Gewicht sein soll wie Wolken, Wind und Licht. Wer dieses Dasein, befreit vom Panzer des Selbst, führen könnte, er wäre zu einer höheren Version seiner selbst geworden – zu einem olympischen Wesen gewissermaßen, das sich als Mensch bloß ausgibt und maskiert. Gezwungen, das Sittengesetz anzuwenden, werden wir zu etwas Albernem oder gar Schrecklichem, und ausgerechnet der größte Anstand birgt Monströses. «An den Ufern der Havel lebte, um die Mitte des sechzehnten Jahrhunderts, ein Roßhändler, namens Michael Kohlhaas, Sohn eines Schulmeisters, einer der rechtschaffensten zugleich und entsetzlichsten Menschen seiner Zeit.»

Dieses «zugleich und» enthält den gesamten Kleist: die sublime Strenge des moralischen Gebots wie auch das Schiefe, das Tragisch-Lächerliche, das dem Menschen, der Trieb und Schwäche bezwingt, nun einmal anhaftet. Denn was ist der rechtschaffene Kohlhaas anderes als ein zutiefst überzeugter Terrorist? Und er beeindruckt uns nicht trotzdem, sondern gerade deswegen; jeder Terror aus Überzeugung, das wußte Kleist ebenso wie später Dostojewski oder Joseph Conrad, ist ein Anblick, der uns wider Willen in Bann schlägt. Auch jemand, der dem irrenden Gewissen folgt, bietet nach Kant ein erhabenes Schauspiel, sogar in der Perversion seiner Handlungen zeigt sich, daß es ein Gewissen gibt, dessen Ruf man folgen kann, zeigt sich, daß der Mensch nicht gebunden ist durch Hunger, Lust und Machtgier, sondern frei und imstande, sein Leben wegzuwerfen für nicht mehr als eine

Überzeugung. Kohlhaas ist souverän und gefesselt zugleich, er ist lächerlich und erhaben, schrecklich und ehrenwert, ein kantischer Extremfall, ein Mörder im Namen der Sittlichkeit, der nicht ertragen kann, daß es in der Welt der Lebenden notgedrungen Wichtigeres gibt als Gerechtigkeit. Genau das aber akzeptiert Kohlhaas' Gegenfigur, die Marquise von O., die «um der gebrechlichen Einrichtung der Welt willen» ihrem reuigen Vergewaltiger vergibt, ihn heiratet und von ihm sogar weitere Kinder empfängt. Denn das Leben kann ja nicht bloß besiegt, es muß auch gelebt werden, und wer sich ganz der Unbedingtheit überantwortet, wird zu einer Karikatur und büßt Anmut und Grazie ein, also jene Attribute der Leichtigkeit, denen Kleist in seiner wichtigsten Abhandlung nachforscht.

Um Puppen geht es da, deren Tanz kein Mensch zu imitieren vermag, da sie ihren Schwerpunkt nicht in sich selber haben, es geht um einen Bären, der so eins mit sich ist, daß er jeden Fechter parieren kann, um einen schönen Jüngling schließlich, dem unversehens eine Bewegung vollendeter Anmut gelingt, der jedoch, darauf angesprochen, vor lauter Selbstbeobachtung verkommt und verfällt. Es geht um das Bewußtsein und dessen Abwesenheit, um die Selbsthemmung durch Zögern und Reflexion.

«Kaum habt ihr den Stein angeschlagen, da fliegt auch schon der Funke.» Das ist nun nicht von Kleist, sondern aus der klassischen Lehrschrift des japanischen Schwertmeisters Takuan, die Kleist wohl mit Faszination gelesen hätte. «Da der Funke erscheint, sobald ihr den Stein anschlagt, gibt es hier keinen Zwischenraum, keinen noch so kleinen Spalt. Es wäre falsch, dies einfach als Schnelligkeit zu verstehen. Hier wird vielmehr unterstrichen, daß der Geist nicht von Dingen festgehalten werden darf; sogar bei der Schnelligkeit kommt es darauf an, daß der Geist sich nicht bei ihr aufhält. Wenn der Geist anhält, so wird er vom Gegner gepackt. Faßt der Geist den Gedanken, schnell zu sein, so wird er, mag er noch so schnell sein, von seiner eigenen Überlegung gefesselt.» Nicht gefesselt sein von Überlegung und vom Blick auf sich – in diesem Zustand verharrt der dressierte Bär, in ihn soll der Kämpfer eintreten, aber auch, davon redet Kleist in einer anderen Schrift, der Redner, der seinen Gedanken am wirksamsten erst im Akt des Sprechens ausformt, denn nur so ist er nicht in sich gespalten, sondern ganz bei sich. «Die Sprache ist alsdann keine Fessel, etwa ein Hemmschuh an dem Rade des Geistes, sondern wie ein zweites mit ihm parallel fortlaufendes Rad an seiner Achse.» Treffsicherheit im Kampf, Anmut in der Haltung und Spontaneität in der Eloquenz, das alles erreicht der, dem sein Ich nicht dazwischenkommt, den kein Selbstbewußtsein, keine Apperzeption, mehr innehalten läßt zwischen Gedanke und Tat.

Wird hier noch Ästhetik verhandelt, oder geht es schon um Erlösung? «So findet sich auch, wenn die Erkenntnis gleichsam durch ein Unendliches gegangen ist, die Grazie wieder ein; so daß sie, zu gleicher Zeit, in demjenigen menschlichen Körperbau am reinsten erscheint, der

74

entweder gar keins, oder ein unendliches Bewußtsein hat, d.h. in dem Gliedermann, oder in dem Gott.»

Gliedermann oder Gott, das Bewußtseinslose also und das vollendete Bewußtsein. Und dazwischen? Wir. Umfaßt vom Gesetz, steif unseren Plänen nachhumpelnd, hölzern, unfrei, uns selbst peinlich und ein Ärgernis. Dieser schreibende Militär, aufgezogen in unmenschlicher Strenge, über dessen Kopf so schwer die Mißbilligung seiner Familie hing, der keinen Vorsatz fassen konnte, ohne ihn einen ehernen Lebensplan zu nennen, der seiner Verlobten statt von Leidenschaft von sittlichen Denkaufgaben sprach und der mit jedem Briefpartner seine Persönlichkeit zu wechseln schien, als hätte er keine eigene – wie sehnte er sich nach Leichtigkeit, wie sehr durchzieht die Sehnsucht, keiner zu sein und alles, bei ihm Drama für Drama, Novelle für Novelle, Brief für Brief.

«*Simply the thing I am shall make me live*», sagt Shakespeares Soldat Paroles, der so tief gedemütigt wurde, daß er sich selbst nicht mehr erkennt. Diese Worte könnte auch Sosias sagen, der Diener Amphitryons, wenn Merkur ihm in seiner Gestalt gegenübertritt, darauf besteht, er sei Sosias, und somit den, der das bisher war, herrisch aus der eigenen Persönlichkeit vertreibt. «Wir sind zwei Zwillingsbrüder», schlägt Sosias dem Doppelgänger vor. «Du bist der ältre, ich bescheide mich. / Du wirst in jedem Stück voran mir gehen. / Den ersten nimmst du und die ungeraden, / Den zweiten Löffel und die graden ich.» Und als der neue Sosias nichts davon wissen will: «So dulde

mich als deinen Schatten mindstens, / Der hintern Stuhl
entlang fällt, wo du ißt.» Aber Merkur schlägt auch diese
Bitte in den Wind, und so tut Sosias in herzzerreißender
Bereitwilligkeit den letzten überhaupt möglichen Schritt
zurück: «Gut, gut. Ich lege mich ins Grab.» Und, als wäre
selbst das Wort *ich* hier noch eine Zumutung: «Ich sprach
von mir nicht. / Ich sprach von einem alten Anverwand-
ten / Sosias, der hier sonst in Diensten stand – / Und der
die andern Diener sonst zerbleute, / Bis eines Tags ein
Kerl, der wie aus Wolken fiel, / Ihn aus dem Haus warf,
just zur Essenszeit.»

Dieses Haus ist nicht nur ein Gebäude, sondern er
selbst, es ist all das, was Sosias einmal war. Zurückgesto-
ßen aus seiner aufgeblasenen Selbstheit in die Leichtigkeit der Ichlosigkeit, bescheidet er sich damit, zu atmen
und zu sein. Solch eine Wandlung kann jedem passieren,
sofern Druck und Schreck groß genug sind – sogar einem
Kriegshelden, wenn er zufällig an seinem offenen Grab
vorbeigeführt wurde. «Mag er mich meiner Ämter doch
entsetzen», ruft der Prinz von Homburg aus. «Mit Kassa-
tion, wenn's das Gesetz so will, / Mich aus dem Heer ent-
fernen: Gott des Himmels! / Seit ich mein Grab sah, will
ich nichts als leben / Und frage nichts mehr, ob es rühm-
lich sei!» Peinlich berührt sind die Umstehenden da, all
die guten Preußen, aber welche Gewalt, dramatisch und
existentiell, liegt in solcher Rückkehr in die Unmittelbarkeit! Der einst heldenhafte Feldherr hat sich ganz vom
Gesetz gelöst, und wie Sosias würde es ihm auf einmal
genügen, ein Schatten zu sein, «*simply the thing I am*»,

76

namen- und ehrlos, nichts mehr außer dem Kern krea-
türlichen Lebens in ihm.

Natürlich, so endet seine Geschichte dann doch nicht.
Kleist hat anderes mit dem jungen Soldaten vor, der ja
noch alle Feinde Brandenburgs in den Staub werfen
muß, und daher richtet seine Hoffnung sich auf die andere Möglichkeit, den Fluchtpunkt auf der anderen Seite
des Bewußtseinsspektrums: die Wiedergewinnung einer
neuen Unmittelbarkeit nicht gegen die Reflexion, sondern durch sie. Diese vernunftmystische Möglichkeit wird
Gestalt im anderen Zwillingspaar der Götterkomödie, in
Jupiter und Amphitryon nämlich – oder sollte man besser
sagen, in Amphitryon, dem Menschen, und Amphitryon,
dem Gott?

In der traditionellen Deutung, von der Antike bis zu
Molière, handelt es sich hier um einen Gott, der Amphitryons Äußeres anlegt wie eine Verkleidung. Für Kleist
muß der Reiz jedoch gerade darin gelegen haben, daß
die scharfe Trennung zwischen den beiden bei genauem
Hinsehen verschwimmt. Zunächst einmal, das wird ja
mehrmals ausgesprochen, wohnt der schöpfende Gott allem Geschaffenen inne, also ist er auf panentheistische
Weise jeder Mensch und somit auch Amphitryon. Aber
das ist nicht das letzte Wort. Kleists Jupiter – in solchem
Changieren das wahre Pendant zu Goethes Mephisto, der
ja *der* Teufel und dann wieder *ein* Teufel, lustiger Bajazzo
und plötzlich Satan ist – erscheint von Szene zu Szene als
ein anderer; Kleists Haltung zu ihm ist absichtsvoll ambivalent, und die Frage führt zu Andeutungen, die im-

mer wieder eines umkreisen: Hier sind zwei, die doch einer sind, zwei Fassungen von einem oder richtiger: einer, der er selbst ist, und einer, der er auch ist, aber in ungleich höherer, vollendeter Weise. Warum Alkmene nicht beim Wort nehmen, wenn sie, aufgefordert, sich zwischen beiden Ehemännern für den richtigen zu entscheiden, für den göttlichen votiert? Denn auch wir Zuschauer ziehen doch Amphitryon, den Gott, allemal Amphitryon, dem steifen, wohlanständigen Helden, vor. Aus der Perspektive des Molièreschen Lustspiels müßte man sagen: Alkmene ist auf Jupiters Kostüm hereingefallen. Aus der Perspektive der Kleistschen Sehnsuchtsmetaphysik aber hat sie im tiefsten Sinne recht, wenn sie sich zwischen den beiden Versionen ihres Mannes für jene mit dem, wie es im Marionettentraktat heißt, «unendlichen Bewußtsein» entscheidet. Und Jupiter, in einer Passage von erhabenster Schlichtheit, widerspricht ihr halb und bestätigt sie doch zugleich, wenn er zum Feldherrn sagt: «Wohlan! Du bist Amphitryon», und, als dieser in tiefster Verwirrung fragt, wer aber denn nun *er* sei, entgegnet: «Amphitryon. Ich glaubte, daß du's wüßtest.» Dann fügt er noch, wie zur Erklärung, hinzu: «Amphitryon! Du Tor! Du zweifelst noch?/Argatiphontidas und Photidas,/Die Kadmusburg und Griechenland,/Das Licht, der Äther und das Flüssige,/Das was da war, was ist, und was sein wird.»

Natürlich kann ein Gott so von sich sprechen, aber könnte es nicht auch ein Mensch, der den Fesseln des Selbst entkommen konnte und mit einemmal – ganz, wie es sich jeder Künstler wünschen muß – alles ist? «Mithin», fragt der eine Gesprächspartner am Ende der Marionettentheaterschrift, «müßten wir wieder von dem Baum der Erkenntnis essen, um in den Stand der Unschuld zurückzufallen?» Worauf der andere halb bejaht und halb abwehrt: «Allerdings, das ist das letzte Kapitel von der Geschichte der Welt.»

Mit anderen Worten: Kein Lebender, kein moderner Mensch darf hoffen, diese Freiheit zu erreichen. Verzweifelte Kleist deswegen? Verzweifelte er *überhaupt*? Sein eigentümlich heiterer Selbstmord ist oft pathologisiert worden, doch wem steht es eigentlich zu, sich aufzuschwingen und auf solch einen Geist deutend hinabzusehen? Tatsache ist, daß man mutiger nicht und auch nicht fröhlicher seinen Abschied aus der gebrechlichen Einrichtung der Welt nehmen kann. «Du wirst begreifen, daß meine ganze jauchzende Sorge nur sein kann, einen Abgrund tief genug zu finden, um mit ihr hinabzustürzen. – Adieu noch einmal!»

Konnte die Dichtung gegen seinen Überdruß, ein Selbst zu sein, nichts mehr verrichten? Nein, was immer uns einfällt dazu, wir begreifen es nicht und stehen fremd vor diesem Tod, vor diesem Menschen. Doch gerade das Oszillierende an ihm, das tänzerisch Ausweichende, das zugleich Anziehende und immer wieder Befremdliche, das ihn um so weiter entrückt, je näher man ihm kommt, wird ihn weiterhin, Generation für Generation, zum Zeitgenossen machen. Denn eine Epoche, der Kleist nichts mehr zu sagen hätte, müßte entweder dem unglücklichen Bewußtsein, dem Unbehagen an Entfremdung und Spaltung, in die Erleuchtung entwachsen oder aber zurückgefallen sein in die Barbarei einer nurmehr dem Konsum und der Unterhaltungskunst überantworteten Stumpfheit, die von Gesetz, Sehnsucht und Erlösung nichts mehr weiß. Seine eigentümlich helle Metaphysik – vielleicht ist sie auch ein Grund, ihn zu lesen und aufzuführen in einer Zeit, da in unserem Kulturkeis manchmal gemeint wird, dem Andrang eines fremden Glaubensfanatismus nichts weiter entgegensetzen zu können als die eigene überwundene Religiosität. Aber die Alternativen sind nicht einfach Glaube oder Flachheit, Magie oder Entzauberung, Gebet oder Banalität. Kleist erinnert uns: Die Aufklärung ist nicht seicht, die Vernunft nicht ohne Geheimnisse, und es gibt sehr wohl eine Mystik der Klarheit. Die Wahrheit ist, daß ihm auf Erden nicht zu helfen war. Die Wahrheit ist aber auch: ihm nicht und keinem von uns. Von dieser Hoffnungslosigkeit wußte er zu sprechen in Sätzen so perfekt, in Bildern so vollkommen, daß sie uns heiter stimmen. «Das Leben nennt der Derwisch eine Reise, / Und eine kurze. Freilich!» Freilich, die seine war sehr kurz. Sie dauert immer noch.

Der Held ohne Motiv
Knut Hamsun: Hunger

Ein junger Mann, der vielleicht Andreas Tangen heißt, aber vielleicht auch nicht (schon lange bevor er sich diesen Namen zuschreibt, haben wir gelernt, ihm nichts zu glauben), streunt durch Kristiania, hat kein Geld, hat nichts zu essen, versucht vergeblich, Artikel zu schreiben, die ihm ein wenig Honorar einbringen sollen, gerät mit fremden Leuten in Streit, schwankt zwischen Stolz und Zerknirschung, zwischen Demut und Größenwahn, zwischen Momenten der Luzidität und blanken Wahnvorstellungen und verläßt zum Schluß geschlagen jene Stadt, von der er im ersten Satz schon gesagt hat, daß keiner sie verlasse, bevor er von ihr gezeichnet sei. Die hellen Fenster ihrer Häuser verschwinden hinter ihm in der Nacht. Sein künftiges Schicksal steht in den Sternen.

Dem Roman *Hunger* geht alles ab, was am Ende des neunzehnten Jahrhunderts in erzählender Prosa unverzichtbar schien. Der Held hat keine Vorgeschichte, wir erfahren nichts über seinen familiären Hintergrund, und auch seine psychologische Verfaßtheit bleibt rätselhaft. Zu Beginn scheint es, als wäre sein Geist durch den Hunger verwirrt, aber in den kurzen Phasen der Sattheit ist er nicht viel vernünftiger, denkt er nicht klarer, agiert er kaum stringenter. Ist also seine Geistestrübung ein Resultat der Armut, oder kommt seine Armut daher, daß er sich nicht zusammennehmen, klar denken und vernünftig handeln kann? Daß diese Frage nie geklärt wird, macht *Hunger* untauglich zum Sozialdrama: keine Anklage gegen die Kälte der Verhältnisse, kein Aufruf zur Veränderung wie bei den von Hamsun verachteten Autoren Henrik Ibsen oder Émile Zola. Alles sehen wir mit den Augen des verwirrten Helden, und dennoch begreifen wir eigentlich nichts von ihm.

Genau das ist die epochale Entdeckung dieses Romanciers: Motive sind verzichtbar. Es ist nicht nötig zu verstehen, warum Figuren sich so verhalten, wie sie es tun; die Undurchsichtigkeit ihres Handelns macht sie auf seltsame Weise nicht weniger realistisch, sondern glaubhafter. Am Ende der Epoche von Gesellschaftsroman und Sozialdrama entdeckte der norwegische Autodidakt Hamsun im Rückgriff auf Dostojewski und Strindberg die produktive Kraft des Wahnsinns.

Wenn der Held von *Hunger* sich auf eine Parkbank setzt und mit dem neben ihm sitzenden Blinden ein Gespräch beginnt, wenn er sich vor diesem aufspielt und sich als Mann der gehobenen Gesellschaft ausgibt, so ist das zwar wunderlich, aber noch nicht mysteriös. Auch wenn seine Erfindungen immer absurder werden, wenn er von seinem Zimmervermieter Happolati und dessen schönen Töchtern aus dem Orient schwadroniert, verstehen wir ihn noch einigermaßen; und auch dafür, daß ihm der Blinde stets recht gibt und nie widerspricht, können wir uns Ursachen ausmalen – Dummheit vielleicht, vielleicht bloß Gleichgültigkeit und Konfliktscheu. Wenn aber der Held just darüber, daß er mit seinen Lügen Erfolg hat, plötzlich in Zorn gerät und sein Gegenüber brüllend bezichtigt, ihm *nicht* zu glauben, so kommen wir einfach nicht mehr mit; sein Verhalten hat die Grenzen des psychologisch Nachvollziehbaren überschritten. Aber wird das Buch dadurch unglaubhaft? Ganz im Gegenteil, Hamsun ist eine der stärksten Szenen des Romans gelungen, und genau der Augenblick, in dem wir den Helden am wenigsten deuten können, wird uns unvergeßlich.

Eben darin liegt die unvergleichliche Wirkkraft dieses Romans und der zwei anderen frühen Meisterwerke Hamsuns, *Pan* und *Mysterien*. Motivisch zieht *Hunger* weithin sichtbare Kreise in der Weltliteratur: Kafkas *Hungerkünstler* stammt ebenso von ihm ab wie Becketts *Murphy*, dessen Schaukelstuhl geradewegs *Hunger* entliehen ist, oder sein *Molloy*, der sich ebenfalls beim Herumstreunen Kieselsteine in den Mund steckt. Viel wichtiger als solche Anspielungen ist aber die befreiende Explosion, die *Hunger* für die unterschiedlichsten Schriftsteller darstellte und deretwegen Hamsun für einige Jahrzehnte zum meistbewunderten Romancier der Welt wurde: die Entdeckung, daß der Mensch komplexer ist und rätselhafter, als die Aufklärer und die Kämpfer für eine bessere Welt es sich vorstellen können. «Ich träume von einer Literatur», rief der junge Hamsun 1891 in einem

Vortrag, «bei deren Menschen die Inkonsequenz buchstäblich ein Grundzug ist.» In *Hunger* braucht er zur kausalen Lizenz noch Erschöpfung und Unterernährung, in *Pan* und *Mysterien* werden seine Protagonisten ohne jede Erklärung, ohne jede naturalistische Begründung, wahnsinnig sein. Sie widersprechen sich selbst, handeln ohne Grund, haben kein festes Ziel und finden keine Klarheit. Und merkwürdigerweise faszinieren sie uns gerade deshalb, und wir folgen gebannt ihren verschlungenen Wegen, für die das Wort Schicksal unpassend scheint. In der Welt Hamsuns handeln die Menschen frei und willig zum eigenen Nachteil, und gerade die Intelligentesten sind hilflose Opfer der eigenen Verwirrung. Das ist ebenso traurig wie komisch – und oft beides im gleichen Moment.

Auch in seinem Spätwerk bleibt Hamsun diesem Prinzip treu. Seine *Weltumsegler*-Trilogie wartet immer noch auf Neuentdeckung. Zwar geht es in ihr um brave Fischer und deren holzschnitthaft gezeichnetes Leben – aber in ihrer Mitte steht August, der Lügner, der funkelnde Irrläufer, von dem nie klar wird, ob er tatsächlich die Welt bereist hat oder ob alles, was er zu erzählen weiß, nur eine riesige, absurde Flunkerei ist. Er ist das Energiezentrum des gewaltigen Erzählwerks; und er ist es eben deshalb, weil wir ihn nicht verstehen, weil wir nichts über ihn wissen, weil er letztlich so rätselhaft bleibt wie sein ferner Vorläufer, der Erzähler von *Hunger*.

Trotz alldem darf man aber nicht die realistische Dimension des Buches übersehen: Sie liegt nicht im So-

84

zialen, auch nicht in der Schilderung der geisterhaften Stadt Kristiania, die kaum durch mehr als ihr schlechtes Wetter beschrieben ist, sondern in jenem knappen Wort, welches das Buch zum Titel hat. Hat man jemals in erzählender Prosa so quälende Passagen darüber gelesen, wie es sich anfühlt, Hunger zu leiden? Zu Anfang scheint das noch witzig, erlaubt noch eine ironisch-distanzierte Lesart, aber schon nach kurzem wird das physische Unbehagen zu stark dafür. Von Unterhaltung oder vergnüglichem Lesen kann bald wahrlich keine Rede mehr sein. Auch hierin sprengt *Hunger* die Traditionen der Romanform – das Buch tut nicht nur dem zeitgenössischen, sondern auch dem heutigen Leser in einer Weise Gewalt an, wie er es vielleicht nie zuvor erlebt hat. Den entsetzlichen Höhepunkt bildet wohl die Szene, in der der Held, zuerst nur probeweise und dann mit immer größerem Ernst, an seinen Fingern zu kauen beginnt; bald fließt Blut, und für einen schaurigen Moment scheint es, als wollte er sich selbst auffressen. Die Literatur des zwanzigsten Jahrhunderts ist reich an Drastik, und doch findet sich wenig in ihr, das den Schrecken dieser Absätze übertrifft. Dieser hungernde Held steht sich auch dadurch im Wege, daß er unfähig ist, die Tatsachen zu akzeptieren. Gerade weil er nicht bereit ist, sich als Bedürftigen zu sehen, gelingt es ihm nie, etwas gegen sein Los zu unternehmen. Wenn ein Angestellter im Laden ihm zuviel Geld herausgibt, kann er das nicht als Glücksfall sehen, sondern verliert sich in Gewissensbissen, bis er das Geld schließlich zurückgibt – und natürlich wird seine Anständigkeit nur mit Verwunderung und Mißtrauen vergolten. So rührend aber seine Ehrenhaftigkeit ist, so lächerlich ist sein Stolz: Unterkunft auf einer Polizeiwache kann er sich nur dadurch verschaffen, daß er vorgibt, ein bürgerlich respektabler Redakteur zu sein, der sich aus Versehen aus seiner Wohnung ausgesperrt hat. Am nächsten Morgen aber, da unter den Obdachlosen Essensgutscheine verteilt werden, muß er die Täuschung aufrechterhalten und hungrig seiner Wege ziehen. Und auch wenn ein Mädchen bereit ist, ihn zu sich nach Hause mitzunehmen, versäumt er dort den günstigen Moment, verhält sich gleichzeitig großspurig und täppisch, und es geschieht wieder einmal gar nichts. Daß er darauf besteht, sich als Genie zu sehen, als Bohemien, von dem Großes zu erwarten ist – ob nun das dreibändige Werk zur Erkenntnistheorie oder der bahnbrechende Artikel, an dessen Abfassung er sich immer wieder macht –, hemmt ihn und macht ihn handlungsunfähig. *Hunger* verhält sich zur romantischen Genienovelle und den Boheme-Idyllen Spitzwegs wie der *Don Quijote* zum höfischen Ritterepos. Daß der Held am Ende auf einem Schiff anheuert, ist vielleicht nur ein weiterer sinnloser Einfall, vielleicht aber auch der erste Moment, in dem er bereit ist, die Künstlerträume aufzugeben und sein Leben neu anzufangen. Wir wissen es nicht und werden es nie wissen. Denn womöglich kommt doch alles anders, und er wird irgendwann imstande sein, jenes Buch zu schreiben, das wir in Händen halten.

Dionysos und der Buchhalter
Über Thomas Mann

Im Dezember 1947 wurde das Haus am San Remo Drive in Pacific Palisades von zwei vierzehnjährigen Schülern besucht, einem Jungen und einem Mädchen. Sie hatten angerufen, die Nummer stand im Telefonbuch, und waren sofort eingeladen worden. Erst vierzig Jahre später, inzwischen selbst eine berühmte Schriftstellerin, schrieb Susan Sontag ihre Erinnerungen an diesen Nachmittag auf.

Mit maliziösem Witz schildert sie, wie Thomas Mann in seinem thronartigen Stuhl sitzt und seine Mundwinkel mit der Serviette abtupft: freundlich, gravitätisch, sehr hölzern. Was man denn so lese als junger typischer Amerikaner, fragt er die beiden, die sich natürlich keineswegs als typisch empfinden, um dann sogleich in einen Monolog zu fallen. «Ich hätte nichts dagegen gehabt, daß er gesprochen hätte wie ein Buch», erinnert sich Sontag. «Ich wollte ja, daß er sprach wie ein Buch. Was mich immer mehr störte, war, daß er sprach wie eine Buchrezension.»

Und es wurde schlimmer. «Er fragte nach unseren Studien. Unseren Studien? Noch mehr Peinlichkeit. Ich war

87

sicher, er hatte nicht die geringste Idee, wie eine High-school in Südkalifornien aussah. Wußte er von der Fahr-ausbildung (verpflichtend)? Von den Tippkursen? Wäre er sehr überrascht gewesen über die faltigen Kondome, die man sah, wenn man über die Wiese lief und seine erste Periode hatte [...], und über den sogenannten ‹Tee›, den ein Pärchen Pachuken [...] in den Vormittagspausen an der linken Wand der Schulaula verkaufte? Könnte er sich George vorstellen, der, wie einige von uns wußten, eine Waffe besaß und Geld von Tankwarten bekam? [...] Wußte er, daß kein Latein mehr auf dem Lehrplan stand und kein Shakespeare und daß die sichtlich überforderte Englisch-lehrerin der zehnten Klasse monatelang bloß Exemplare von ‹Reader's Digest› verteilt hatte – wir sollten einen Artikel auswählen und schriftlich zusammenfassen –, um danach die ganze Stunde schweigend, nickend und strickend an ihrem Tisch zu sitzen? Konnte er sich vor-stellen, wie weltenfern von jenem Lübecker Gymnasium, wo der vierzehnjährige Tonio Kröger Hans Hansen um-worben hatte, indem er versucht hatte, ihn dazu zu brin-gen, ‹Don Carlos› zu lesen, North Hollywood High School war, die Alma Mater der Kinostars Farley Granger und Alan Ladd? Er konnte es wohl nicht, und ich hoffte, er würde es nie können. Er hatte genug Gründe zur Trau-rigkeit.»

Das ist rührend und doch nicht ohne Boshaftigkeit, es stimmt überein mit dem Bild, das wir bis heute von ihm haben: die Starrheit der Repräsentationsfigur, eine nicht wirklich sympathische Weltfremdheit – es ist schwer, sich ihm nahe zu fühlen. Hans Mayer versuchte dieses Unbehagen in die Formel von Manns «Ungeliebtheit» zu bannen und hatte damit wohl, abgesehen von der doch leicht kitschigen Begriffswahl (man soll, könnte man unter Abwandlung von Hannah Arendt einwenden, seine Freunde lieben, aber keine Völker und auch nicht unbedingt Schriftsteller), nicht so ganz und gar unrecht.

Die erste und wohl wichtigste Reaktion auf einen Autor ist aber noch nicht von Reflexion bestimmt, sondern von unmittelbarer Resonanz, und da kann es völlig anders aussehen. Mit dreizehn hielten mich die *Buddenbrooks* gepackt wie selten ein Buch zuvor, mit sechzehn saß ich fasziniert über dem *Zauberberg*, und mit siebzehn lernte ich aus dem *Doktor Faustus*, daß alle Möglichkeiten der abendländischen Kunst erschöpft seien, man jede denkbare Melodie komponiert und alle großen Romane geschrieben habe, daß die Zukunft nur mehr Parodie und mildes Nachspiel sein werde. Für kurze Zeit schrieb ich also folgsam Lautgedichte und bedauerte mich als blassen Spätgeborenen, so sehr glaubte ich ihm jedes Wort, dann aber befreite mich Thomas Mann selbst von solch luftlosen Theorien, und zwar durch sein heiterstes, lichtdurchflutetes Spätwerk: *Joseph und seine Brüder* – ein in jeder Hinsicht großer Roman, wie es ihn nach den Lehren von Leverkühns Teufel lange schon nicht mehr hätte geben dürfen.

Und doch: Sogar als einst Begeisterter empfindet man Thomas Mann gegenüber dieses Unbehagen, das sich gegenüber Nabokov, Borges und Proust nicht einstellen will. Wie also erklärt man, daß einerseits die Verehrung für ihn nie völlig ungemischt ist und andererseits dieser «Ungeliebte» Generation um Generation so viele Leser mehr findet als die meisten Autoren nicht nur seiner Zeit? Schriftsteller, sagte Norman Mailer, hätten die Fähigkeit, sich selbst am Schopf aus dem Sumpf zu ziehen, sie seien Experten darin, ihre Schwächen in Stärken zu verwandeln. Kann es sein, daß auch Thomas Manns Größe mit jener problematischen Seite untrennbar verbunden ist und daß das Grandiose an ihm nicht zu haben ist ohne das, was einen an ihm stört?

Müßte man sein Hauptthema auf möglichst abstrakte Art beschreiben, man hätte wohl vom Widerspiel von Emotionalität und Repression, von Pflicht und Leidenschaft zu sprechen, von einem Sichgehenlassen, das in seiner Welt immer verboten ist und immer lockt, und einer Disziplin, deren Bedeutung gerade darin liegt, daß sie im entscheidenden Moment versagt. Die Grundgegensätze heißen manchmal Bürgerlichkeit und Künstlertum, manchmal Gesundheit und Krankheit; im *Tod in Venedig* sind sie Respektabilität und Homosexualität und im *Joseph* die im Jaakobschen Segen verkörperten Pole oben und unten, Himmel und Tiefe. Diese Spaltung, nicht so sehr zwischen Apollo und Dionysos als zwischen Buchhalter und Bohemien, bestimmt die Inhalte seines Erzählens, sie erzeugt aber auch dessen emotionalen Pendelschlag, den eigentümlichen Wechsel zwischen eiserner Kontrolle über das Material und scheinbar unvermitteltem Ausbruch. Bei Thomas Mann existiert das Rigide, um wirkungsvoll zu scheitern, in seinem Erzählton klingt stets die Stimme Aschenbachs mit, der ein bürgerlich respektabler Langeweiler sein möchte, aber zu seiner Größe findet genau dadurch, daß ihm das mit einemmal nicht mehr gelingt. Erst im «Verfall einer Familie» läßt sich über diese schreiben, im Zusammenbrechen der Struktur offenbart sich das Menschliche, und auch das Wesen europäischer Zivilisation wird am deutlichsten im Sanatorium und in der Verzerrung durch die Krankheit – vom Familienzerfall also zum Verfall einer Weltkultur. Und indem Joseph die uralten Schemata bricht und das vermeintlichen Gotteskind sich zum profanen Wirtschaftsminister wandelt, wird auch das Wesen des Mythos für den Roman faßbar.

Wie Aschenbach vor seiner schicksalhaften Begegnung mit dem geisterhaften Herrn im Münchner Park, so gibt sich auch der Romancier Thomas Mann als einer, der mit der wilden Seite des Lebens nichts zu tun haben will. In Wahrheit aber ist genau diese sein Thema, und von immer neuen Blickwinkeln aus setzt er in Szene, wie die Ordnungen scheitern und das Verdrängen versagt – darin eben liegt sein großes Täuschungsmanöver und der Grund, daß seine immer wieder verblüffende Gefühlsintensität nicht zu haben ist ohne den Habitus des kühlen Gelehrten, der am Schreibtisch Krawatte trug und dessen Anblick, sei es auf Fotos, sei es an der kalt schimmernden Oberfläche seiner Prosa, uns befremdet und verstört.

Dabei betonte er selbst immer wieder, daß er nicht jener *poeta doctus* war, als der die eigenen Romane ihn ausgeben. Joyce und Proust, Nabokov und Borges, sie alle haben ihre Kenntnisse mit einer Natürlichkeit assimiliert, die ihm fremd bleibt. Da ist stets etwas Parvenuhaftes an seiner Bildung, da ahnt man immer ein wenig den Schulabbrecher und Lexikonabschreiber, der Arthur Koestler erklärte, daß er gar nicht zuviel Information wolle, denn das behindere die Phantasie. Das war vielleicht aus einer Laune heraus dahingesagt, aber es beschreibt seine Methode auf das gründlichste: Er ist ein Autor der Unmittelbarkeit, der sich als Virtuose der Vermittlung tarnt, ein Pathetiker, maskiert als Ironiker. Ich habe, offen gesagt, noch nie einen Leser getroffen, der an den Diskussionen zwischen Naphta und Settembrini echte Freude gehabt hätte – und doch wird kaum einer leugnen, daß der Roman diese Dialoge ebenso braucht wie die doch oft recht bleiernen Passagen über Krankheit, Bakterien und Kosmologie. Denn sie bereiten jene Stellen vor, die ganz plötzlich kommen und treffen wie Blitze, jene Stellen, deren Energie über das ganze Buch ausstrahlt und in denen gewissermaßen immer von neuem der Knabe Tadzio vor Aschenbach hintritt, so daß es diesem die Würde und die Rede verschlägt.

So paradox es klingen mag: Thomas Mann ist unter allen Autoren der Klassischen Moderne der pathetischste, der gefühlsunmittelbarste; nur ist er distanzierter als die anderen, weil er mehr zu verbergen hat. Seine Ironie verhüllt einen Erzähler des Rausches und der Entgrenzung, der zuverlässig jede Hauptfigur in eine Lage führt, in der sie die Kontrolle über ihr Leben verliert und das Chaos so unbarmherzig nach ihr greift wie am ersten Abend auf dem Berg das Fieber nach dem armen Hans Castorp: «Aber sobald er eingeschlafen war, begann er zu träumen und träumte fast unaufhörlich bis zum anderen Morgen. Hauptsächlich sah er Joachim Ziemßen in sonderbar verrenkter Lage auf einem Bobschlitten eine schräge Bahn hinabfahren. Er war so phosphoreszierend leicht wie Dr. Krokowski, und vorneauf saß der Herrenreiter, der sehr unbestimmt aussah, wie jemand, den man lediglich hat husten hören, und lenkte. ‹Das ist uns doch ganz einerlei, – uns hier oben›, sagte der verrenkte Joachim, und dann war er es, nicht der Herrenreiter, der so grauenhaft breiig hustete.»

Solch halluzinogenes Flirren wäre auch Jack Kerouac oder Hunter S. Thompson nicht besser gelungen. Es überfällt einen wieder im «Walpurgisnacht»-Kapitel, in dem das strenge Hausregime, sowohl des Sanatoriums als auch des Romans, seine Macht verliert und Hans Castorp auf französisch vor Frau Chauchat seine innersten Geheimnisse ausspricht, dann in ungehemmter Gewalt im Kapitel «Schnee», in dem Hans, umfangen von feindlicher Natur, ins Delirium driftet. Aber Manns Augenblicke der Unmittelbarkeit können auch leise, fast unmerklich stattfinden, wie etwa beim gemeinsamen Friedhofsbesuch von Hans, Joachim und der jungen Karen Karstedt, einem Mädchen, von dem alle wissen, daß ihm nur noch wenige Wochen zu leben bleiben. Plötzlich kommen die drei zu einer freien Stelle – eben jener, es wird nie ausgesprochen, wo Karen binnen kurzem liegen wird.

«Sie standen, das Fräulein etwas vor ihren Begleitern, und lasen die zarten Angaben der Steine, – Hans Castorp gelöst, die Hände vor sich gekreuzt, mit offenem Munde und schläfrigen Augen, der junge Ziemßen geschlossen und nicht nur gerade, sondern sogar ein wenig nach hinten abgeneigt, – worauf die Vettern mit gleichzeitiger Neugier von den Seiten verstohlen in Karen Karstedts Miene blickten. Sie merkte es dennoch und stand da, verschämt und bescheiden, den Kopf schräg vorgeschoben, und lächelte geziert mit gespitzten Lippen, wobei sie rasch mit den Augen blinzelte.» Ein Moment existentieller Peinlichkeit: Keiner weiß etwas zu sagen, und plötzlich steht der Tod nicht mehr für Kunst, das geistige Dasein, ästhetische Verfeinerung oder was auch immer, sondern einfach nur kalt, fremd und unausweichlich für sich selbst.

Solches Erzählen lebt von Momenten des Umschlagens. Aschenbach habe immer so existiert, sagt jemand im *Tod in Venedig* und zeigt seine zur Faust geballte Hand, nie aber so, und läßt die geöffnete Hand herabfallen. Ähnlich Manns Prosa: Über lange Kapitel ist die Hand geballt, und wir betrachten mit ambivalenter Bewunderung die distanzierte Brillanz, den vollkommenen Stil, die scheinbar unzerstörbar souveräne Ironie ... – doch plötzlich öffnet sich die Hand, die Masken fallen, das Geordnete bricht, und die Figuren werden höchst willige Opfer von Trieb und Rausch, Schmerz, Traum, Fieber, Krankheit und Vision: Thomas Buddenbrooks Zusammenbruch, die Agonie der Kinder Hanno und Echo, das geisterhafte Auftauchen Goethes in Charlotte

Buffs Kutsche und, die vielleicht berührendste Stelle in seinem Gesamtwerk, der Abend, da Joseph den Majordomus Mont-Kaw unter Aufbietung all seiner Eloquenz in den Tod hypnotisiert. «Ist's nicht mit Müssen und Dürfen heut wie nur jemals, wenn dir mein Abendsegen empfahl, doch ja nicht zu denken, du müßtest ruhen, sondern du dürftest? Siehe, du darfst! Aus ist's mit Plack und jeglicher Lästigkeit. Keine Leibesnot mehr, kein würgender Zudrang noch Krampfesschrecken. Nicht ekle Arznei, noch brennende Auflagen, noch schröpfende Ringelwürmer im Nacken. Auf tut sich die Kerkergrube deiner Belästigung. Du wandelst hinaus und schlenderst heil und ledig dahin die Pfade des Trostes, die tiefer ins Tröstliche führen mit jedem Schritt.»

Immer trifft einen das unvorbereitet, immer wie zum ersten Mal. Seine Meisterschaft liegt eben darin, daß er das Gegenteil eines Theoretikers ist, und so stört es auch nicht, daß er die in die Romane eingeschlossenen Essaypassagen – die tatsächlich neben denen eines genuinen Denkers wie Musil recht blaß aussehen – aus Kompendien abschrieb oder sich von fragwürdigen Autoritäten in die Feder diktieren ließ; weiß Gott, es hätte seinem *Doktor Faustus* nicht schlecht getan, wenn er sich von einem anderen Theoretiker hätte beraten lassen als dem, der Strawinsky und den Jazz als faschistische Regressionen abtat und voraussagte, daß Schönbergs Musik binnen kurzem populärer sein werde als die Wagners. Wo Thomas Mann aber nicht Meinungen anderer wiedergibt, wo er seine eigene Fähigkeit zu Einfühlung und höherem

Rollenspiel walten läßt, ist seine Erkenntniskraft kaum zu übertreffen.

Warum wird eigentlich so selten erwähnt, daß seine Essays über Schriftsteller nicht nur wohlformuliert und geistreich sind, sondern vor allem so gut wie immer vollkommen *richtig*? Kaum etwas Treffenderes wurde über Schiller geschrieben als Manns große Schiller-Rede, kaum Besseres über Wagner als sein Wagner-Aufsatz, wohl nichts Gültigeres über Kleists Prosa als seine für amerikanische Leser geschriebene Einführung in dessen Erzählungen, und der Korpus seiner Auseinandersetzung mit Goethe läßt sich immer noch spielend mit dem Allerbesten messen, was die Germanistik hervorgebracht hat. Marcel Reich-Ranickis Diagnose, daß Thomas Mann, von wem auch immer er sprach, nur von sich gesprochen habe, ist sicher richtig, übergeht aber, daß er das Kunststück fertigbrachte, von diesen anderen sprechend so von sich zu sprechen, daß er darin stets und zuverlässig das Wesentliche über die anderen traf.

Immer also der Pendelschlag zwischen Ferne und Nähe, zwischen Distanz und rückhaltloser Unmittelbarkeit. Wir finden ihn auch zelebriert in der erhabenen Langeweile seiner Tagebücher: die schärfste Aufmerksamkeit für die Regungen des Triebes, zugleich dessen rigorose Unterdrückung. Nein, seiner selbst entfremdet war er nicht, und auch vor der Nachwelt, der er die Tagebücher hinterließ, versuchte er nicht, sich zu verstecken. Er war ein Meister im Repräsentieren, aber daß die Rolle des Repräsentanten hohl ist und schief, im schlimmsten

Fall lächerlich und noch im besten prekär-problematisch, das können wir nicht gut gegen ihn verwenden, denn wir haben es ja von ihm gelernt. Dem echten Künstler ist die eigene Seele kein Geheimnis – würde er die Dämonen in sich nicht kennen, wie könnte er sie Tag für Tag im wohlgeordneten Arbeitszimmer aufs Papier bannen? So wichtig war ihm die Disziplin, und so tief zugleich durchschaute er das Alberne, das den Menschen Verkleinernde an ihr, daß er seiner im umfassendsten Sinn liebenswürdigsten Figur, Joseph-Osarsiph, den leitmotivisch wiederholten Bibelsegen «von oben vom Himmel herab und von der Tiefe, die unten liegt» mitgab, auf daß ein einziges Mal Gleichgewicht herrschen und *einer* wenigstens gottbegnadet sein sollte – umweht von Magie und zugleich doch auch Großbuchhalter, Ernährungsminister und respektabler Politiker.

Joseph und seine Brüder, das ungelesene Hauptwerk, der ignorierte Jahrhundertroman, der so leicht der deutschen Literatur hätte eine andere Richtung weisen können. Ein Buch, dessen Figuren erst im Lauf der Handlung aus dem mythischen ins geschichtliche Zeitalter treten, ein Spiel mit Charakteren, die nur halb schon Individuen sind und halb noch Ausführende mythischer Verhaltensmuster – Menschen, die sich noch mit ihren Altvorderen verwechseln, erst im Übergang begriffen in moderne Psychologie. Ein Roman, der viel gemeinsam hat mit Joyces Traummythenbuch *Finnegans Wake*, aber so viel heiterer und lesbarer ist und letztlich auch umfassender im philosophischen Entwurf: ein Epos über die Herauslösung des

Individuums aus dem archaischen Kollektiv und die dabei wie nebenher sich ereignende Erfindung Gottes – und all das so verspielt und voll Leichtigkeit erzählt, als koste es keine Anstrengung. Doch das literarische Deutschland wollte anderes lesen, machte sich lieber auf in Richtung von Engagement und treuherzigem Realismus, und die immer noch fortwirkende Abkoppelung Deutschlands von den Strömungen der Weltliteratur nahm ihren traurigen Anfang.

Ja, man versteht Susan Sontags Enttäuschung gut. Wer möchte schon gerne einem nicht gestrauchelten Gustav Aschenbach gegenübersitzen, einem alten Lübecker Honoratioren, der alles Unheimliche auf den gut aufgeräumten Schreibtisch und in die Bücher verbannt hat und nunmehr spricht wie eine Buchrezension? «Jahre später», schließt sie ihren Rückblick, «nachdem ich selbst Schriftstellerin geworden war, nachdem ich viele andere Schriftsteller kennengelernt hatte, lernte ich, toleranter zu sein gegenüber der Kluft zwischen der Person und dem Werk.» Wie wahr – und doch ganz falsch. Denn die scheinbare Kluft zwischen Person und Werk ist eigentlich eine Kluft in seiner Person, und sie ist ganz und vollständig im Werk ausgedrückt.

Wäre Thomas Mann also schockiert gewesen über all das, was sie ihm nicht sagen wollte – Kondome auf der Wiese, der Mitschüler mit der Waffe, die Drogenhändler? Ja und nein; als ältlicher Würdenträger sicherlich, als Künstler wohl kaum, denn noch der zahmste Teil seines Werks enthält mehr Chaos und Brutalität als all diese

Schreckensbilder vom kalifornischen Schulhof. Es ist ein Werk von unvergleichlicher Perfektion, voll Witz und voller Dämonen, voll Schönheit und dunklen Winkeln, denen man sich nur unter Aufbietung seines ganzen Mutes nähern kann. Erzengel treten in ihm auf und der Teufel und eine Menge zivilisierter Leute aus dem Zwischenreich; sie alle versuchen, ordentlich zu sein und respektabel, aber es will ihnen nicht gelingen. Nur er selbst brachte es einigermaßen fertig und war sehr stolz darauf – mehr noch, so will es scheinen, als auf alle seine großen Romane.

Es war nicht Mitternacht. Es regnete nicht.
Samuel Becketts Prosa

Entgegen der Legende weigerte sich Samuel Beckett keineswegs, über seine Werke zu sprechen. Er mochte, berichtet sein Biograph Knowlson, keine dummen Fragen, aber wenn man die richtigen Dinge wissen wollte, gab er bereitwillig Auskunft. So etwa, als er mit Martin Esslin über den Einfluß von James Joyce sprach. «Wir sind diametral verschieden. Joyce war ein Synthetisierer, er wollte alles, die gesamte menschliche Kultur, in ein oder zwei Bücher packen, und ich bin ein Analysierer. Ich entferne immer alles Zufällige und Nebensächliche, weil ich bis zum Kern der Sache, zum Wesentlichen, Archetypischen vordringen möchte.»

Das Wesentliche also, das Archetypische. Wohl kein Autor ist beim Weglassen des Zufälligen so weit gegangen. «Er *addierte* immer noch etwas», sagte Beckett ein anderes Mal über Joyce, «man muß sich nur seine Druckfahnen anschauen! Und ich begriff, daß mein eigener Weg in der Verarmung lag, im Mangel an Wissen, im Subtrahieren statt im Addieren.» Die Idee zu dieser Verfahrensweise, zum Verzicht auf alles Überflüssige, sowohl hinsichtlich des eigenen Stils als auch der Lebensverhältnisse der Figuren, muß Beckett mit der Stärke einer Eingebung gekommen sein. «Spirituell ein Jahr tiefer Schwermut und Not», läßt er den auf sein Leben zurückblickenden Krapp in *Das letzte Band* stottern, «bis zu jener denkwürdigen Nacht im März, am Ende der Mole, im heulenden Wind, ich werde es nie vergessen, als mir plötzlich alles klar wurde. Die Erleuchtung, endlich. [...] Ich sah damals plötzlich ein, daß der Glaube, der mich mein ganzes Leben geleitet hatte, nämlich – gewaltige Granitfelsen und der Gischt, der im Licht des Leuchtturms emporspritzte, und der Windmesser, der wie ein Propeller surrte, mir endlich klar, daß das Dunkel, mit dem ich immer gekämpft hatte, um es zu bezwingen, in Wirklichkeit mein bestes – bis zu meinem letzten Atemzug unzerstörbare Verbindung, von Sturm und Nacht, mit dem Licht der Erkenntnis und dem Feuer.» Diese bruchstückhafte Passage beschreibt, was Joyce eine Epiphanie genannt hätte, also einen Augenblick des plötzlichen Innewerdens der eigenen künstlerischen Möglichkeiten. Ein solcher Moment muß es gewesen sein, in dem Beckett die ihm gemäße literarische Form gefunden hatte und zugleich die Figur, der er von da an sein Leben lang treu blieb: den heimatlosen Clochard, den heruntergekommenen Landstreicher.

Vermutlich wurde außer Kafka kein anderer Schriftsteller so oft als Prophet gelesen wie er. Die Beschreibungen von Becketts Äußerem näherten sich von den sechziger Jahren an zunehmend der Hagiographie, die Fotos vom hageren Mann mit den leuchtenden Augen im Halbschatten taten das ihre, und auch Adornos Lesart seines Werks als eines Sprache gewordenen Aufschrei im Angesicht der Grausamkeit des Jahrhunderts trug dazu bei, Beckett zu einem mönchischen Heiligen, einem rätselhaften Künder der Dunkelheit zu stilisieren.

Liest man heute seine Prosa, so ist man zunächst überrascht: Rätselhaft ist sie eigentlich nicht. Ebenso wie *Warten auf Godot* ein klares und brillantes Drama ist, sobald man es, wie Beckett das immer wollte, nur als literarisches Kunstwerk betrachtet, sind seine Romane stringente und immer wieder sehr komische Bücher über das Dasein alter, heimatloser, körperbehinderter Menschen, denen jede Bewegung schwerfällt, die aber trotzdem nicht bereit sind, aufzugeben oder ihren zynischen Witz zu verlieren. Der Autor von *Murphy*, *Watt*, *Wie es ist* und vor allem der großen Trilogie *Molloy*, *Malone stirbt* und *Der Namenlose* ist kein Heiliger und kein Prophet, er ist auch nicht der radikalste Avantgardist von allen, der Klassenbeste in der Schule des Experiments, der einen methodischen Stand erreicht hat, hinter den die Literatur nicht mehr zurückfallen darf. Er ist ein Prosakünstler in der Nachfolge von Flaubert, Proust und Joyce, ein Meister der strengen Komposition, ein hochbewußter Stilist.

«Die Sonne schien, da sie keine andere Wahl hatte, auf nichts Neues.» Becketts meistzitierter Satz steht am Anfang seines ersten, 1938 veröffentlichten Romans *Murphy*. Erzählt wird die Geschichte des apathischen Träumers Murphy, dessen einziges Lebensziel die völlige Bewegungslosigkeit ist, die Rückkehr in den Zustand des Embryos vor der Geburt. «Murphys Geist stellte sich sich selbst als eine große hohle Kugel vor», referiert der Erzähler in einem die scholastische Analyse parodierenden Ton, «die hermetisch vom äußeren Universum abgeschlossen war. Dies bedeutete keine Verarmung, da er nichts ausschloß, was er nicht selbst enthielt. Nichts war im äußeren Universum gewesen, war noch darin oder würde darin sein, was nicht virtuell oder wirklich oder in der Entwicklung vom virtuellen Zustand zur Wirklichkeit oder aus der Wirklichkeit in den virtuellen Zustand fallend bereits in seinem inneren Universum vorhanden war.» Infolgedessen besteht Murphys liebste Meditationsübung darin, sich selbst nackt an einen Schaukelstuhl zu binden und in gekrümmtem Dämmerzustand vor sich hin zu dösen. Dennoch übt er eine irritierende Anziehungskraft auf andere aus: Seine Geliebte, die Prostituierte Celia, sein ehemaliger Lehrer Mr. Neary, seine Exgeliebte Ms. Counihan und der Detektiv Cooper machen sich auf die Suche nach Murphy, der inzwischen in einer Irrenanstalt arbeitet, wo er den Hauptteil seiner Zeit damit hinbringt, mit einem der Insassen gegen alle Regeln verstoßende Schachpartien zu spielen. Nach allerlei Verwicklungen stirbt er bei einer Gasexplosion, und selbst die Rückführung seiner Asche ins heimische Dublin mißlingt: Bei einer Kneipenschlägerei platzt der Aschenbeutel, und die Überreste verschwinden in den Ritzen des Wirtshausbodens. *Murphy* ist ein Roman voll Slapstick und greller Komik. Und gerade darum versteht man gut, daß der Schriftsteller, zu dem Beckett später wurde, sich nicht gerne auf dieses Buch ansprechen ließ. Die Beteuerungen, daß alles menschliche Streben sinnlos sei, haben in *Murphy* noch etwas Behauptetes, das sich bei genauem Lesen auch in der bemühten Abgeklärtheit des ersten Satzes zeigt: Die Sonne scheint, da sie keine Wahl hat, und sie scheint auf nichts Neues. Doch eine Sonne, die keine andere Wahl hat, als auf nichts Neues zu scheinen, das ist stilistisch überambitioniert, ja beinahe prätentiös – und nichts lehnte Beckett später so sehr ab wie Manieriertheit. Dennoch sind schon hier seine wichtigsten Motive versammelt: der Solipsismus, der Wunsch nach Rückkehr in den Zustand vor der Geburt, die Suche einiger Figuren nach jemandem, den sie nie finden.

Während des Krieges, als Mitglied der Résistance im Versteck vor der Gestapo, schrieb Beckett den Roman *Watt*. Die Personenzahl ist gegenüber *Murphy* stark reduziert, von Handlung kann man kaum sprechen. Watt steht in Diensten eines niemals auftretenden Herrn Knott (*«what»* und *«not»*: für den englischen Leser sprechende Namen); aus Verzweiflung, daß es ihm nicht gelingt, etwas Substantielles über Natur und Wesen seines Arbeitgebers herauszufinden, verfällt Watt schließlich dem Wahnsinn, verläßt Knotts Haus, löst unter allerlei Schwierigkeiten eine Fahrkarte und fährt mit dem Zug ans «Ende der Strecke» davon. *Watt* ist ein Übergangsbuch: nicht mehr so spielerisch wie *Murphy*, aber noch nicht angelangt bei der perfekten Ausgewogenheit von Lakonie, Pathos und

Witz, die Becketts französische Prosa prägen sollte. Und auch *Mercier und Camier*, Becketts erster Roman auf französisch, hat noch etwas Tastendes, was vermutlich der Eingewöhnung in die neue Sprache geschuldet ist. Dem jungen Paul Auster gegenüber distanzierte Beckett selbst sich später von diesem Roman, fand ihn «nicht gut, gar nicht gut». Zwei Clochards wollen gemeinsam eine Reise machen, doch immer kommt etwas dazwischen, stets verirren sie sich, bevor der Weg überhaupt beginnt. Sobald sie ihre Reise allerdings angetreten haben, verlieren sie einander.

1948 reiste er aus Frankreich zurück nach Dublin. Die Begegnung mit der alten Heimat, literarisch gefiltert durch die französische Sprache, versetzte ihn zum ersten Mal in die Lage, «die Dinge zu schreiben, die ich fühle» – also seine große Romantrilogie, das Hauptwerk als Prosaautor, in Angriff zu nehmen.

Ein gewisser Molloy, alt, verwirrt und mit einem gelähmten Bein, liegt in einem Zimmer, weiß nicht, wie er hineingekommen ist, und schreibt seine Erinnerungen auf. Aus ihm selbst nicht bekannten Gründen hat er sich vor Zeiten aufgemacht, seine Mutter zu suchen, aber der Weg war voll von Hindernissen, wie sie einem senilen Landstreicher eben begegnen: Verkehrsunfälle, Polizisten, eine karitativ bemühte Dame der guten Gesellschaft namens Lousse, die Molloy, nachdem er mit seinem Fahrrad ihren Hund überfahren hatte, kurzerhand zu sich nach Hause mitnimmt. Molloy revanchiert sich für ihre Gastfreundschaft mit wütender Renitenz und verschmutzt ihren wohlbehüteten Haushalt. «Wenn ich keinen Wert darauf legte, reinlich zu sein, anständige Kleider zu tragen, mich zu waschen und so weiter», bedeutet ihm Lousse, «so gab es nichts, was mich dazu verpflichtete. Sie würde darüber bekümmert sein, aber was bedeutete ihr Kummer neben meinem? Sie wünschte nur, daß ich mich bei ihr und in ihrer Nähe zu Hause fühlte, und daß sie von Zeit zu Zeit Gelegenheit hätte, diesen erstaunlichen Körper zu betrachten, wenn ich stand oder hin und her lief. In gewissen Abständen unterbrach ich sie mit der Frage, in welcher Stadt ich mich befände.» Angewidert von all dieser liebevollen Fürsorge macht Molloy sich wieder auf den Weg, verirrt sich dann im Wald und wird, er weiß nicht, von wem, in jenes Zimmer gebracht, in dem er sein Leben wohl beenden wird.

Im zweiten Teil des Romans begibt ein gewisser Moran, eine Art Berufsdetektiv, sich auf die Suche nach dem verschwundenen Molloy. Beauftragt hat ihn sein Vorgesetzter Youdi, der nie auftritt und den man wohl als Verwandten Godots bezeichnen kann. Auf den Weg macht sich Moran gemeinsam mit seinem dicken und störrischen Sohn, dessen Erziehung, obwohl er sie mit erstaunlicher Inkompetenz unternimmt, sein ganzer Lebensinhalt ist. Die Reise tut ihm nicht gut: Nach kurzem wird sein Bein steif wie das von Molloy, er wird immer schwächer und auch verwirrter, schließlich verläßt ihn der Sohn, und er landet, ohne Geld und verdreckt wie ein Obdachloser, im Wald. Endlich bekommt er die Erlaubnis, die Suche abzubrechen. Irgendwie schleppt er sich heim und findet sein ehemals schönes Haus leer vor. Der Garten ist verwildert, seine sorgsam gepflegten Bienen sind tot, die Haushälterin ist davongegangen. So lebt er von nun an allein, schreibt seine Geschichte auf und wartet in seltsam guter Laune auf den Tod. «Dann ging ich nach Hause zurück und schrieb ‹Es ist Mitternacht. Der Regen peitschte gegen die Scheiben.› Es war nicht Mitternacht. Es regnete nicht.»

Das Mittelstück der Trilogie, *Malone stirbt*, geht von eben der Situation aus, mit der der erste Teil von *Molloy* begann und der zweite endete: ein Mann allein in einem Zimmer, ohne zu wissen, wie er hineingekommen ist. «Das Zimmer scheint mir zu gehören. Ich kann mir nicht anders erklären, daß man mich hier läßt.» Malone kann von Murphys und Morans Freiheit nicht einmal träumen, er ist völlig gelähmt und vermag bloß noch, mit einem langen Stock Gegenstände wegzuschieben oder an sich zu ziehen. Die Stimmung ist düsterer geworden als im ersten Roman: Es gibt kaum noch zu Ende erzählte Episoden, nur mehr Bruchstücke von Geschichten, die der halb im Traum vor sich hin redende Malone erfindet oder erinnert.

Im dritten Roman, *Der Namenlose* (eigentlich «*L'Innominable*», der Unbenennbare), hat eine weitere entscheidende Reduktion stattgefunden. Der Erzähler ist nur noch eine Stimme, entpersonalisiert, eingesperrt in der Dunkelheit. In seinen Gedanken taucht Mahood auf – vielleicht war er selbst einmal Mahood, aber er leugnet das, «vor ihm hat es andere gegeben, die sich für mich hielten» –, ein Rumpf ohne Gliedmaßen, der in einem Krug lebt, aus dem nur sein Kopf herausragt. Irgendwann, als er noch kriechen konnte, hat er den Tod seiner Familie miterlebt, aber auch das hat ihm nicht die Entschlossenheit genommen weiterzuleben, auch ohne Würde, ohne Glieder, ohne Mitmenschen, ohne Zukunft. Gegen Ende trennt sich der Erzähler wieder von der Figur Mahoods und beginnt einen langen, hymnischen Monolog auf das Weitermachen: «Ich leide noch nicht genug, ich bin noch nicht an der Reihe.»

Beckett ist bei aller Verknappung vor allem ein Poet des Alters, der Schwäche, all der kleinen und großen Widrigkeiten des Alltagslebens. Immer ist da ein Gefühl von Unbequemlichkeit, von Bedrängung; immer haben seine Helden Probleme mit ihrer Kleidung, deren Knöpfe sich nicht recht schließen lassen, mit ihren Schuhen, in die Wasser eindringt, mit Gegenständen, die sie bei sich haben sollten, aber nicht finden, mit verlorenen Kopfbedeckungen, mit Kälte und Regen und natürlich mit ihrem eigenen störrischen Körper, der schmerzt und nicht will, wie sie wollen. Zugleich aber gibt es vom frühen Versuch *Dante und der Hummer* bis zu den letzten Prosastücken – mit der einzigen Ausnahme des allerletzten – auch das entgegengesetzte Leitmotiv: die Entschlossenheit, nicht aufzugeben.

Eine Computerzählung würde wahrscheinlich ergeben, daß «weitermachen» das häufigste Wort in Becketts Prosa ist: Wie ein Mantra wiederholen alle seine Helden ihre Entschlossenheit, nicht aufzugeben, niemals aufzugeben, selbst im Zustand der äußersten Beschränkung, noch als lebende Tote ohne Gliedmaßen, eingesperrt in Mülltonnen, Röhren oder Krüge, irgendwie ihr Dasein weiterzuführen. Vielleicht kommt daher der seltsam heitere Zug dieser Literatur, verglichen mit deren Sparsamkeit einem für eine Weile jede andere Prosa schwülstig erscheint. Beckett reduziert seine Welt zunehmend auf einige wenige elementare Konstellationen, und im Lauf seiner Entwicklung tut er es immer radikaler. Man verfolgt das mit Bewunderung, aber nicht ohne leises Bedauern: Wie gerne hätte man mehr Romane wie *Molloy*, in denen Beckett stilistisch im Vollbesitz seines Könnens ist, wo sich aber noch psychologisch nachvollziehbare Figuren durch eine klar gezeichnete Außenwelt bewegen und in witzig scharfen Dialogen miteinander streiten. Doch auch der Humor muß Beckett bald als verzichtbar, als unnötiges Beiwerk erschienen sein: Daher der Weg von *Molloy* über *Der Namenlose* zu dem handlungs- und figurenlosen späten Roman *Wie es ist*, der in verblosen Satzfragmenten nur mehr Zustände der Qual, Klaustrophobie und Bewegungslosigkeit beschwört; daher auch auf der Bühne die Entwicklung von *Warten auf Godot* über Stücke wie *Spiel*, in denen nicht mehr agiert, zu *Quad(rat)*, wo nicht einmal mehr gesprochen wird. Bei aller Anerkennung für solche Konsequenz ist es doch schwer, den Witz und die dunkle Poesie von *Molloy* nicht der eisigen Erstarrung der späten Prosastücke vorzuziehen. Jedenfalls ist *Molloy* das richtige Buch, um Beckett in seinem ganzen Spektrum und auf der Höhe seiner Möglichkeiten kennenzulernen; zugleich der beste Roman für den Einstieg und jener, zu dem man auch nach Jahren der Beckett-Lektüre immer wieder voller Bewunderung und Vergnügen zurückkehren kann.

Jawohl, Vergnügen; denn Beckett brachte nicht das Schweigen selbst, das Schreien der leidenden Kreatur oder die transzendentale Obdachlosigkeit zum Ausdruck, wie es der Interpretenkitsch mehrerer Jahrzehnte behauptet, sondern er schrieb mit Verve und Mitleid über Schwäche und körperlichen Verfall als die beständig verdrängten Grundbedingungen menschlichen Daseins: darin eben lag das Ziel seiner subtraktiven Methode, darin liegt die «unzerstörbare Verbindung von Sturm und Nacht mit dem Licht der Erkenntnis und dem Feuer», wie Krapp es nicht ohne Pathos formuliert. Diese Verbindung ermöglichte Beckett zuletzt auch in gespenstischer Weise, was wohl mit solcher Konsequenz nie unternommen worden ist: die Literarisierung des eigenen Todes.

Jahrelang hatte er, zurückgezogen lebend in einem Pariser Altersheim, an seinem letzten, nur wenige Seiten langen Prosastück gearbeitet. Das Ergebnis, *Immer noch nicht mehr*, ist ein Kunstwerk, wie die Welt es nicht oft gesehen hat, ein dunkles Juwel vollkommener Dichtung. «Eines Nachts als er den Kopf auf den Händen am Tisch saß sah er sich aufstehen und gehen.» Nur zehn Seiten trennen diesen Anfangssatz, eine perfekte Metapher für das bewußt erfahrene Lebensende, von jenem Schluß, mit dem der Dichter des Weitermachens, der Barde des bedingungslosen Nichtaufgebens, endgültig aufgab und, eben

dies beschreibend, die Feder aus der Hand legte. «So weiter bis er wieder stehenblieb als an seine Ohren von tief
innen oh wie und hier ein Wort das ihm entging es wäre
zu enden wo nie zuvor», schrieb Beckett, wissend, daß
dies seine letzten gedruckten Zeilen sein würden. «Derart
und von derartigem mehr der Lärm in seinem Kopf dem
sogenannten bis nichts mehr von tief innen als nur immer
schwächer oh enden. Einerlei wie einerlei wo. Zeit und
Leid und Selbst das sogenannte. Oh alles enden.»

Shakespeare und das Talent

Was soll man über Shakespeare noch sagen? Wie den hunderttausend Büchern, dem Ozean an Analysen jedes Stücks, jedes Aktes, jeder Szene, noch etwas hinzufügen? So fragt man sich, und sofort denkt man sich Gegengründe aus. Selbstverständlich ist alles über ihn gesagt, aber jedem, der in diesem, dem letzten oder dem vorletzten Jahrhundert über ihn sprach, ging es genauso. Er ist immer schon beides zugleich gewesen: unerschöpflich und ausgeschöpft von den Heerscharen vorausgegangener Kommentatoren.

Und ist man selbst Autor, liegen die Dinge noch schwieriger: Shakespeare ist so absurd gut, daß das eigene Literatendasein gemessen an ihm sofort fraglich erscheint. Natürlich, die Mittel der Kunst entwickeln sich fort, und auch der Zwerg sieht weiter in die Ferne als der Riese, auf dessen Schultern er steht, aber all diese schlauen Überlegungen verfangen plötzlich nicht mehr, sobald man die Musik seiner Sätze hört und wider Willen darüber nachdenkt, ob der Welt das Geringste fehlen würde, hätte man einen anderen Berufsweg eingeschlagen. Dagegen hilft nichts, da half nie etwas. Das Gefühl seiner unermeßlichen Überlegenheit ist eine Grunderfahrung, die alle Schriftsteller der Neuzeit teilen, an deren Anfang er steht wie eine alles überstrahlende Sonne.

Hat er das eigentlich vorhergesehen? Und wenn ja, hat er es zum Thema gemacht? Ich meine nicht Reflexionen über seinen Alltag und den Menschen, dessen Leben er zufällig führte, während er, seit Borges wissen wir es, zugleich alle Menschen war, sondern über die Ungeheuerlichkeit, die darin liegt, als der Schöpferischste von allen, der Autor des Gelungensten schlechthin zu existieren, kurz: Hat er uns erklärt, wie es ist, Shakespeare zu sein?

Ich denke, einmal hat er, in seinem letzten Stück *Der Sturm*. Hier ergeben all die Spiegelungen von Spiegelungen ein Gesamtbild, und immer wieder scheint uns, mal wie eine Täuschung, mal sehr real, ein menschliches Gesicht anzusehen. Vermutlich rührt auch daher die Faszination, die dieses Werk immer ausgeübt hat. Shakespeare hat bessere geschrieben, rundere, logischere, mit stärkeren Charakteren und fesselnderen Konflikten. Aber die Zuschauer haben offenbar früh gespürt, daß es mit diesem Stück Besonderes auf sich hat. Schließlich handelt es von der Begabung, und zwar nicht als etwas Abstraktem, sondern sie hat einen Namen und eine Gestalt, sie erscheint als Genius im alten Wortsinn, als ein Ätherwesen aus Licht, Luft und Leichtigkeit, als Spuk von großer Macht und schrecklicher Flüchtigkeit: Ariel.

«Ich enterte das Schiff des Königs», beschreibt Ariel in

der Schlegel-Tieck'schen Übersetzung den von ihm vorgegaukelten Schiffsbrand, «jetzt am Schnabel, jetzt im Bauch, auf dem Verdeck, in jeglicher Kajüte flammt' ich Entsetzen; bald zerteilt' ich mich und brannt' an vielen Stellen; auf dem Mast, an Stang' und Bugspriet flammt' ich abgesondert, floß dann in eins.» Wohlgemerkt, das geschah nicht wirklich, das war eine Halluzination. Also Theaterzauber beziehungsweise eine magische Vortäuschung, die auf der Bühne durch Theaterzauber dargestellt wird: Kunst täuscht eine Realität vor, in der wiederum ein Geist eben das, was wir sehen, als Illusion vortäuscht. «Keine Seele, die nicht ein Fieber gleich, den Tollen fühlte, und Streiche der Verzweiflung übte. Alle, bis auf das Seevolk, sprangen in die schäum'ge Flut, und flohn das Schiff, jetzt eine Glut durch mich.» Nicht Theater auf dem Theater, eher die Wirklichkeit als Theater als Traum. «Wir sind hier in einem Labyrinth», stöhnt der Schiffbrüchige Gonzalo später, und man kann ihm nicht widersprechen; wo Ariel wirkt, werden die Dinge seltsam. Nirgendwo übrigens der geringste Hinweis, wie er aussieht – und darin liegt eine unüberwindliche Schwierigkeit für die Regisseure, denn jede Form, die man ihm gibt, ist per se unbefriedigend, da er doch die Formlosigkeit selbst ist. *Thou, which art but air*, sagt Prospero ausdrücklich, «du, der du nur Luft bist», also die Vielfältigkeit, der ständige Wandel; und jeder Versuch, ihn in irgendein Bild seiner selbst zu sperren, läuft seiner Grundidee zuwider und macht ihn schwer.

Denn die Schwere ist sein Widerpart, das ihm widersprechende Prinzip und zugleich seine Gegenfigur, in deren ungemein körperlichem Dasein sich alles konzentriert, was niederzieht, was nichts hervorbringt, was sich schleppt und sinkt und stagniert und brütet: Caliban. Kein Monster, auch wenn er so genannt wird, eher ein Spießer, nicht das Böse, eher das Schleppende und das ewig verstockte Ressentiment.

So pendelt das Stück zwischen den Allegorien, die ja auch darin auftreten, und jenen zwei Gestalten, die eben keine Allegorien mehr sind, keine Symbole, sondern magische Vergegenwärtigung; es pendelt zwischen der konventionellen Zauberhandlung – Herzog, verwunschene Insel, feindliche Brüder – und der simplen Wahrheit, daß es um einen alten Mann geht, der nebenbei ein großer Zauberer ist, einen Mann, der nun am Ende steht und aufhören wird, Phantasmen hervorzubringen, auf daß seine Figuren in dünne Luft zergehen und sein Ende Verzweiflung sei. Es pendelt zwischen dem wohlfeilen Gefallen an der gelingenden Vergeltung und der Verblüffung über jene alle Dramaturgie sprengende Verzeihung, wie wir sie immer wieder in Shakespeares Spätwerk finden – etwa wenn Alkibiades mit überlegenem Heer vor Athen steht, um Timons Kränkung zu rächen, ihn aber auf einmal die Wut verläßt und er unvermittelt beschließt, es einfach sein zu lassen: «Führt mich in eure Stadt und mit dem Schwert bring ich den Ölzweig: Krieg erzeuge Frieden und Frieden hemme Krieg.» Das ist nicht Pazifismus, sondern etwas Größeres und Unheimlicheres, das wohl auch Nietzsche im Sinn hatte, als er von der «Selbstaufhebung der Gerechtigkeit» sprach: «Man weiß, mit welch schönem Namen sie sich nennt − *Gnade*; sie bleibt, wie sich von selbst versteht, das Vorrecht des Mächtigsten, besser noch, sein Jenseits des Rechts.» So auch hier im *Sturm*, da Prospero, der nun endlich alle, die sein Herzogtum stahlen, in der Gewalt hat, die Fäden fallen läßt, zurücktritt und sich in die Macht jener Leute begibt, von denen er nichts zu hoffen hat. Eine Ethik, paradoxer als die christliche, eben nicht bloß ein Rache-, sondern ein Gerechtigkeitsverzicht, eine all unsere Prinzipien durcheinanderbringende Gleichgültigkeit gegenüber der Idee, daß dem Menschen geschehen soll, was ihm zusteht, und eine Übeltat bestraft werden muß. Hier wartet kein Gott, der die aufgegebene Strafe anderswo vollziehen wird, Prospero *ist* dieser Gott, und wenn er verzichtet, wird es kein anderer tun. Das Übel bleibt ungesühnt, einfach weil es der Mühe nicht wert ist und weil die Bestrafung ja auch eine Handlung der Schwere wäre. Caliban lügt nicht mit seinen Beteuerungen, daß ihm Schlimmes zugefügt wurde − «dieses Eiland ist mein, von meiner Mutter Sycorax, das du mir wegnimmst» −, aber allein sein Beharren darauf setzt ihn ins Unrecht gegenüber Ariel, der zu leicht ist für Erinnerungen, und gegenüber Prospero, dem die Gerechtigkeit in dem Moment, da er sie haben könnte, nicht mehr wichtig ist und der seinen Genius statt dessen in die Verwandlung entläßt.

Magie als Transformation. Ein Motiv, das die Renaissance faszinierte: Agrippa von Nettesheim, Ficino und Giordano Bruno waren gebannt davon und wußten doch nichts von jenem größeren Zauberer, dem zumindest Bruno noch auf seinen englischen Reisen hätte begegnen können. Von naturmagischer Verwandlung handelt ja Ariels schönstes Lied, der Gesang über den Tod von Ferdinands Vater:

> *«Full fathom five thy Father lies,*
> *Of his bones are corral made:*
> *Those are pearls that were his eyes,*
> *Nothing of him that doth fade,*
> *But doth suffer a Sea-change*
> *Into something rich and strange.»*

«Fünf Faden tief liegt Vater dein», heißt das bei Schlegel und Tieck, «Sein Gebein wird zu Korallen, / Perlen sind die Augen sein, / Nichts an ihm, das soll verfallen, / Das nicht wandelt Meeres-Hut / In ein reich und seltnes Gut.»

Und kaum ist das Lied verklungen, schenkt Ferdinands Reaktion uns Shakespeares majestätischsten Selbstkommentar. *«This is no mortal business.»* Bei Schlegel und Tieck: «Dies ist kein sterblich Tun», bei Wieland sogar: «Dies ist nicht das Werk eines Sterblichen.» Wußte Shakespeare, daß er der eine war, dem zustand, solches über die eigenen Verse sagen zu lassen, kurz vor dem Ende, dem Rückzug, dem Tod? Denn auch Unsterbliche sterben, selbst dann, wenn ihre Kunst so groß ist, daß auch das prosaischste Wesen im Versuch, sie zu beschreiben, poetisch wird. «Die Insel ist voll Lärm», stammelt Caliban, «Voll Tön' und süßer Lieder, die ergötzen und niemand Schaden tun. Mir klimpern manchmal viel tausend helle Instrument' im Ohr, und manchmal Stimmen, die mich, wenn ich auch nach langem Schlaf erst eben aufgewacht, zum Schlafen wieder bringen; dann im Traume ist mir, als täten sich die Wolken auf und zeigten Schätze, die auf mich herab sich schütten wollten, daß ich beim Erwachen aufs neu zu träumen heulte.»

Solche Illusionen vermag der Zauberer mit Hilfe seines Geistes zu erzeugen – und es könnten noch mehr sein, wenn Ariel nur nicht immer fort wollte und nicht immerzu bedroht und beschworen werden müßte, damit er noch ein wenig bleibt. *Noch nicht!* – die wohl knappste Formel, auf die sich das Verhältnis von Künstler und Talent bringen läßt: Ich weiß, du wirst mich verlassen, aber *jetzt noch nicht!*

«Heil, großer Meister!» ruft Ariel. «Heil dir, weiser Herr! Ich komme, deinen Winken zu begegnen. Sei's Fliegen, Schwimmen, in das Feuer tauchen, auf krausen Wolken fahren: schalte nur durch dein gewaltig Wort mit Ariel und allen seinen Kräften.» – Ja, schön wär's, aber schon beim nächsten Wunsch will er wieder nicht und verlangt von neuem die Freiheit, und selbst die jämmerlichen zwei Tage, die er noch dienen soll, sind ihm eine unerträgliche Zumutung. «Und dennoch fühlt man selbst», so Rilke im Gedicht «Der Geist Ariel», «wie alles, was man mit ihm zurückhält, fehlt in der Luft.» Prospero liebt Ariel, aber Ariel liebt niemanden, er ist ohne Skrupel und Mitleid, und wir zweifeln nicht daran, daß er Prospero schon Sekunden nach der Rückkehr ins Ele-

ment vergessen haben wird. «Ich muß dir einmal in jedem Mond vorhalten, was du warst; denn du vergißt es»,
erinnert ihn Prospero. «Du weißt am besten, in welcher
Marter ich dich fand. Dein Ächzen durchdrang der nie
gezähmten Bären Brust, und machte Wölfe heulen.» Aber
das verfängt nicht, es interessiert Ariel schon lang nicht
mehr, denn im Gegensatz zum Ressentimentwesen Caliban hat er kein Gedächtnis, er lebt im Jetzt und will endlich wieder eins werden mit der Luft und jenem Mee-
resgrund, auf dem fünf Faden tief Leichen zu Korallen
werden: Transformation, die einzige Unsterblichkeit, die
die Natur kennt.

«*Then to the elements. Be free and fare thou well.*»
Nur wenigen ist es vergönnt, ihr Letztes zu erkennen
und zu wissen, nach welchen Worten keine weiteren
mehr kommen. Goethe brachte es fertig, seinen letzten
Brief so zu schreiben, wie ein letzter Brief in einer perfekten Welt aussehen müßte, und Shakespeares letzter
Monolog ist eben dies: der letzte Monolog Shakespeares.
Der Abschied eines fast Allmächtigen, der zugleich ein
schwacher alter Mann ist, von der Zauberkunst, vom
Menschheitswunder seiner Begabung und von dem
Geist, der ihm einst zu Diensten stand und jetzt gehen will. «Grüfte, auf mein Geheiß, erweckten ihre Toten, sprangen auf und ließen sie heraus, durch meiner
Kunst gewalt'gen Zwang. Doch dieses grause Zaubern
schwör ich hier ab.»

Then to the elements. Von nun an wird Ariel wieder
sein, wo er war, bevor er gebannt wurde: unsichtbar ver-

teilt über Wasser, Erde und Luft jener für kurze Zeit zum Theater gewordenen Insel. Zurück bleibt ein erschöpfter Zauberer, der verspricht, künftig keine Toten mehr aus ihren Gräbern zu rufen – Prospero hat das im Stück nie getan, wer also redet hier? –, zurück bleibt ein glückliches Liebespaar, an dessen Zukunft wir kaum weniger Anteil nehmen könnten, zurück bleibt vor allem ein pensionierter Schauspieler, der von jetzt an die Maske des Stratforder Lokalhonoratioren nicht mehr absetzen wird.

Dort in der Provinz hielt Shakespeare Prosperos Versprechen und erwarb als mehrfacher Hausbesitzer ein standesgemäßes Grab, dessen Inschrift bis heute seinen Fluch verkündet gegen jeden Verehrer, der die Platte heben und hineinsehen möchte. Er wollte in Ruhe gelassen werden, während seine Überreste sich, wie es die poetische Naturkunde seiner Zeit, halb noch Magie und halb schon Wissenschaft, nahelegte, zu Korallen wandelten und zu Halbedelsteinen, die dennoch nicht ein Hundertstel so reich und seltsam sein würden wie auch nur das schwächste seiner Stücke. Er wußte, und im *Sturm* spricht er es aus, daß dieses Werk so großen Anspruch auf Ewigkeit hatte wie nur irgend etwas von Menschen Geschaffenes – und sei es bloß, weil Ariel aus ihm in die Welt entlassen wurde. So wie Hamlet und Falstaff reale Personen sind, eingesperrt in Dichtungen, ist Ariel ein wirklicher Geist, entkommen aus einer Dichtung und seither frei im Element. Groß ist das Privileg seiner Gegenwart, schnell ist es verwirkt, und ist er einmal dahin, bringt nichts ihn zurück. Und ein machtloser Magier steht vor dem sinkenden Vorhang und bittet um Gebete und um ein wenig gütigen Applaus für das, was einst groß war und jetzt nicht mehr ist.

/ III /

Diese sehr ernsten Scherze
Zwei Poetikvorlesungen

I

Ich habe keine Ahnung. Dies ist keine rhetorische Wendung. Keine originelle Anfangsphrase, der gleich ein unauffällig gesetztes «aber» folgen wird. Ich weiß wirklich nichts. Es gibt keine Professionalität beim Schreiben. Jeder Autor ist bei jedem Projekt wieder am Anfang, es existieren keine Meisterprüfungen, die einen davor schützen würden, beim nächsten Mal wieder die dümmsten Anfängerfehler zu machen. Immer tastet man.

Das literarische Milieu jedoch drängt uns in die Rolle der selbstbewußten Auskunftgeber. Jeder hoffnungsvolle Schöpfer von zwei Kurzgeschichten und drei Gedichten, der das Glück hatte, etwas in einer Literaturzeitschrift zu veröffentlichen, wird bereits vor ein Mikrophon gezerrt, wo man ihm Erklärungen abfordert, was das Schreiben an sich sei und wie er es damit halte. Alljährlich können wir uns in den Vorstellungsfilmchen der Klagenfurter Vorleseveranstaltung von Leuten, die erst ein einziges Buch geschrieben haben, erklären lassen, worauf sie es mit dem

Schreiben abgesehen hätten, was es mit ihrer literarischen Kunst denn auf sich habe. Sie werden gezwungen zu sprechen, als hätten sie die erste Gesamtausgabe bereits hinter sich, als wäre jeder von ihnen Tolstoi kurz nach der Abfassung von *Anna Karenina*. Nur daß sogar Tolstoi es eigentlich nicht wußte und daß nicht einmal dieser Meister genug Meister war, um nicht auch erbärmlich schwache Texte zu schreiben und einige Äußerungen über die Aufgabe der Literatur von sich zu geben, die ästhetisch so wertvoll sind wie eine Fatwa des Ajatollah Khomenei. Kurz: Glauben Sie keinem Poetikdozenten. Mißtrauen Sie Interviews gebenden Autoren, seien Sie skeptisch gegenüber einer Universität, die Schriftsteller einlädt, damit sie hier vor Ihnen stehen und tun, als wüßten sie etwas.

Als deutscher Autor ist man ständig, ununterbrochen, auf Schritt und Tritt, ein Befragter. Paßt man nicht auf, kann es passieren, daß man diese fragende Instanz internalisiert und sich bereits mit sich selbst beim Zähneputzen oder Schuhezubinden wie mit einer interviewenden Instanz sprechen hört. Darum also, der Ehrlichkeit und auch der Einfachheit halber, gestatten Sie mir einen Akt künstlerischer Externalisierung; gestatten Sie mir, als ein ständig Befragter, in der gewohnten Rolle zu bleiben – und mich selbst zu befragen.

Also zu Beginn gleich die lästigste aller Erkundigungen. Die große Modefrage der siebziger Jahre. Warum schreiben Sie?

126

Oh bitte. Warum fragen Sie mich ausgerechnet das?

Weil Sie diese Frage für mich geschrieben haben!

Bitte keine postmodernen Spiele, das ist aus der Mode gekommen. Unterlassen Sie diese billigen Sprünge auf die Metaebene und antworten Sie: Warum fragen Sie das?

Nicht, um von Ihnen große Worte zu hören. Aber seien wir doch ehrlich, es ist ein seltsamer Beruf. Ein wenig lächerlich für einen erwachsenen Menschen. Sie sitzen daheim und denken sich Geschichten aus, die nie passiert sind. Wußten Sie, daß man Adalbert Stifter im Bauerndorf seiner Herkunft zu Zeiten seines Ruhms noch den «Lugenbertl» nannte, den lügenden Adalbert? Einen, der Lügengeschichten erfindet. Ganz im Ernst, haben Sie nicht manchmal ein schlechtes Gewissen, oder vielleicht eher: ein Triumphgefühl, daß Sie es geschafft haben, dem Lebensernst so davonzulaufen und einen Beruf zu ergreifen, der eigentlich die Flucht vor einem Beruf ist?

Durchaus.

Und trotzdem: Warum gerade dieser? Nur der Wunsch, in kein Büro gehen zu müssen, kann es ja wohl nicht gewesen sein. Also versuchen Sie, mir ernsthaft zu antworten: Warum schreiben Sie? Und warum hassen Autoren diese Frage so?

Letzteres wäre der eigentlich interessante Punkt. Sie hassen diese Frage, weil es keine gute Antwort gibt. Schriftsteller wachsen auf als lesende Kinder, sie sitzen im Zimmer, und alles, was in den Büchern steht, erscheint ihnen sowohl wirklicher als auch wahrer als die aufdringliche, laute und, seien wir ehrlich, immer auch ein wenig Angst einflößende Welt da draußen. Später geben sie das nicht gerne zu. Dann hätten sie gerne eine andere Kindheit gehabt, voller Abenteuer und Wildheit und zahlreicher Spielgefährten. Das ist übrigens der Hauptgrund, warum Autoren ständig über Fußball schreiben wollen. Es ist eine späte Rache dafür, daß sie in der Schule immer die letzten waren, die in die Mannschaft gewählt wurden; sie und der kleine Kerl mit der großen Brille, der Asthma hatte und heute die europäischen Hyundai-Werke leitet, während die tollen Typen von damals ihr Auskommen an Zapfsäulen finden und fragen, ob sie noch mal über die Scheibe wischen sollen. Wie befriedigend, daß das Leben die Hierarchien umkehrt. Aber ich schweife ab.

Ja, und mit Grund. Ich hatte gefragt –

Jaja, Sie hatten gefragt, warum ich schreibe. Warum man schreibt. Das Peinliche ist, daß man es wirklich nicht weiß. Vor zwanzig Jahren war es leicht, da hätte man antworten können: Um die Welt ein bißchen besser zu machen, um zu kämpfen, um politisch etwas zu bewirken, so wenig das auch sein mag. Das war natürlich immer schon Unsinn, aber mittlerweile hat sich das so weit herumgesprochen, daß man mit solchen Sätzen keinem mehr kommen kann. Dabei fasziniert mich übrigens die bis heute stillschweigend geltende Voraussetzung, daß es so gut und hilfreich wäre, wenn Schriftsteller etwas bewirken könnten.

Ist es das nicht?

Wir müssen dankbar sein für jeden Autor, dem Macht versagt bleibt. Mein Gott, Hölderlin und Kleist waren für Patriotismus und deutsche Nation, Kipling fürs englische Imperium, Claudel und Yeats halbe Faschisten, Pound und Benn ganze, von Céline und Jünger mag ich gar nicht reden, und Aragón, Éluard, Brecht, Heinrich Mann, Feuchtwanger und viele Dutzend andere der ersten Geister Europas schrieben Ergebenheitsadressen an und Hymnen auf Joseph Stalin. Schriftsteller haben vor allem zwei Eigenschaften: Sie sind der Pragmatik abhold und ziemlich oft Opportunisten. Demokratische Politik ist aber nun mal die Kunst der Pragmatik und des faulen Kompromisses. Sie ist unästhetisch und damit abstoßend für Künstler. Außerdem stehen diese oft unter starkem Gruppendruck und sind – nun ja, nicht in allen Fällen charakterlich disponiert, diesem zu widerstehen. Dieses Kapitel unserer Literaturgeschichte ist seltsamerweise noch ungeschrieben. Als Konstantin Costa-Gavras und Yves Montand im grandiosen Film *Das Geständnis* von den Noel-Field-Prozessen und den Säuberungen in der kommunistischen Tschechoslowakei berichteten, hörten selbst enge Freunde der beiden auf, mit ihnen zu sprechen. Als Kingsley Amis, sein Sohn Martin berichtet es in einem bemerkenswerten Erinnerungsbuch, in den sechziger Jahren begann, die Sowjetunion zu kritisieren, war er für seine Autorenfreunde von einem Tag zum nächsten nur noch «the Fashist». Wo sind eigentlich die Kulturhistoriker, die solche Erinnerungen systematisch zusammentragen, bevor sie verschwunden sind?

Das ist alles schön und gut, oder eigentlich häßlich und schlecht, aber sie weichen mir immer noch aus.

Und das werde ich so lange tun, bis Sie etwas anderes fragen.

Dann wollen wir es so versuchen. Gibt es überhaupt ein Handwerk des Schreibens?

Ja und nein. Der Begriff Handwerk ist eine Metapher. Bücher bestehen nicht aus Schrauben und Bolzen, es wird nicht gefeilt, und letztlich gibt es nichts, was tatsächlich der physischen Fertigkeit eines routinierten Experten manueller Arbeit entsprechen würde. Aber natürlich, wie in allen Dingen spielt auch hier Übung eine Rolle. Und wie in allen Dingen bewahrt sie einen nicht vor dem Versagen. Auch lernt man beim Schreiben nicht kontinuierlich, sondern in Sprüngen. Nach langer Zeit des Suchens hat man plötzliche Erkenntnisse, zuweilen fast Erleuchtungen, in denen man sich darüber klar wird, was man tun kann und wie die eigene Arbeit aussehen könnte. Das ist oft verbunden mit Sätzen, die man liest oder die einem jemand sagt. Ich habe immer gerne gehört, was Autoren über ihre Arbeit äußern.

Das widerspricht aber dem Anfang Ihrer Ausführungen. Dort meinten Sie ...

Ich weiß, was ich meinte. Warum darf ich mir nicht widersprechen? Das ist *meine* Vorlesung.

Dann nennen Sie uns doch drei solcher Sätze, die für Sie hilfreich waren.

Da wäre zum Beispiel ein kleiner Einführungsabsatz, den der späte Nabokov für eine sehr frühe Kurzgeschichte schrieb. Die Story spielt sich in einem Zimmer und zwischen zwei Gesprächspartnern ab. Die beiden reden viel, und um das Sprechen nicht zu einem völlig abstrakten Dialog werden zu lassen – etwa so einem, wie wir ihn hier führen –, orchestriert Nabokov das ganze mit kleinen, psychologisch vielsagenden Gesten. Eben das ist, nebenbei gesagt, immer eine sehr schwierige Übung: schwächere Autoren führen eigens zu diesem Zweck Weingläser ein, an denen unablässig genippt, oder Zigaretten, an denen immer mal eben gezogen wird. Gestik gehört zu den schwersten Übungen beschreibender Prosa – und so wie im literarischen Dialog kein Satz gesagt werden darf, der nicht einen Konflikt verschärft oder die Handlung vorantreibt, so darf es auch keine Geste geben, die nicht dem Ausdruck einer Charaktereigenschaft dient. Nun, jedenfalls besteht eine dieser Gesten zu Beginn von Nabokovs Geschichte darin, daß ein Gesprächspartner aus Nervosität ein kleines Streichholz in zwei Stücke bricht. Ein paar Sätze später läßt er die Bruchstücke in ein leeres Glas fallen. Dann gibt es Wendungen der Geschichte, Gegenwendungen und weitere Wendungen, aber irgendwann gegen Ende schenken sich die beiden Wein ein und trinken. Der alte Nabokov, Jahrzehnte entfernt von dem allerdings bereits teuflisch begabten Anfänger, der das geschrieben hatte, bemerkt dazu: «Am Ende der Geschichte scheint jeder das Streichholz im Weinglas vergessen zu haben – etwas, das ich heute nicht mehr zulassen würde.»

Ja und?

Wie – ja und?!

Das ist alles?

Reicht das nicht? Für mich enthält dieser Satz eine der tiefgründigsten Erkenntnisse über das Prosaschreiben. Oder sogar mehrere davon. Erstens, Details sind nicht nur nicht egal, Details sind alles. Wenn solch eine Einzelheit nicht stimmt, hat die Geschichte als Ganzes einen Fehler; die Welt, die sie aufzubauen vorgibt, ist in sich nicht schlüssig. Und warum, das ist der entscheidende Punkt, ist Nabokov so sicher, daß ihm das nicht mehr passieren kann? Weil er später gelernt hat, die gesamte Szene zu *sehen*. Weil er sich später von seinen erfundenen Räumen und den Vorgängen darin ein so klares Bild zu machen lernte, daß er bemerkt hätte, daß in dem Glas zwei Streichholzhälften lagen und kein Mensch, es sei denn im Zustand großer Verwirrung oder Geistesabwesenheit, Wein eingeschenkt hätte. Zu den vielen Dingen, die ich ihm hoch anrechne, gehört eben auch, daß er den kleinen Streichholzfehler nicht in der späteren Ausgabe eliminierte, sondern daß er ihn stehenließ und mit einem erklärenden Fingerzeig versah. Prosa hat mit Sätzen zu tun, erzählende Prosa aber immer auch mit Bildern. Ein ganz und gar bildloses Erzählen, das wäre selbst als radikales Experiment gar nicht vorstellbar. Es geht also darum, diese Bilder zu sehen. Wenn man sich beim Schreiben bemüht, alles zu sehen, jede Einzelheit, jede Bewegung, jede Geste, selbst jene, die man nicht beschreibt, dann geschehen gewisse Fehler nicht. Und seltsamerweise sind dann auch viel weniger Beschreibungen nötig, man kann im Visualisieren sparsamer sein als die so an Kleidung, Haartracht und Gesichtszügen interessierte Trivialliteratur, bei der es ja immer darum geht, die Beschreibung zunächst möglichst ausführlich zu erledigen, damit der Autor sich dann ungestört den Ereignissen widmen kann. Aber Ereignis und Aussehen sind eines, und wenn der Autor eine Szene sieht, dann sieht sie auch der Leser. Paradox, aber wahr. Wäre ich pathetisch aufgelegt, würde ich nicht zögern, das einen magischen Akt zu nennen.

Und zweitens?

Bitte?

Ich fragte sie nach drei erhellenden Äußerungen über das Schreiben. Nabokovs Streichhölzer waren die erste.

Ach ja, richtig, das hatte ich vergessen. Also, die zweite –

Sie haben meine Fragen geschrieben, es ist unmöglich, daß Sie das vergessen haben. Stellen Sie sich doch nicht so geziert an!

Und ich habe Sie gebeten, postmoderne Sprünge zu vermeiden. Also, die zweite ist ganz einfach. Das war ein Satz, den mein Lektor Thorsten Ahrend mir einst schrieb, um mir zu erklären, warum er ein gar nicht so kurzes Romanmanuskript von mir ziemlich mißlungen fand. Gute Literatur, sagte er da, müsse notwendig sein, sie müsse ein Element des Notwendigen haben.

Das ist doch ein Gemeinplatz.

Nicht unter diesen Umständen, nicht in diesem Moment, nicht für mich. Ich hatte gemeint, gute Literatur müsse bloß formal perfekt sein. Sie müsse bloß aus möglichst brillanten, tänzelnd überraschenden Sätzen bestehen. Aber natürlich reicht das nicht. Es muß immer ... nun ja, ein Element existentieller Wahrheit geben, eine Berührung mit den Grundtatsachen unseres Daseins. Sie muß etwas über uns als Menschen sagen und über mich als den Schreibenden.

Aber Sie wollen doch nicht aus Ihrem Leben erzählen?

Gott, nein. Das wäre viel zu langweilig. «*Nothing ever happens to a novelist*», sagt Martin Amis. Früher dachte ich noch, er meine das metaphorisch. Der Autor steckt jedenfalls nicht in der Geschichte, er steckt in der Atmosphäre, im Tonfall der Erzählstimme, in der inneren Haltung zu dem von ihm Wiedergegebenen, die doch immer und überall durchscheint. Aber eben hier muß es eine Berührung geben mit dem, was ihn wirklich betrifft und angeht. Nicht jeder kann von allem erzählen.

Und drittens, da möchte ich einen schönen Rat zitieren, den Norman Mailer in seinem unterschätzten und leider nie ins Deutsche übersetzten Buch über das Schreiben gibt: *The Spooky Art* – ein schöner Titel übrigens, die gruselige Kunst. Ein Schriftsteller, sagt er da, schließt einen Pakt mit seinem Unterbewußten ab. Du, so vereinbart er mit ihm, wirst jeden Tag aus deinen unergründlichen Tiefen irgendwelche Einfälle zutage fördern. Ich aber tue die eine Sache, die ich dazu tun kann, ich werde dasein. Ich werde täglich am Schreibtisch sein und auf dich warten.

Und um den Autor an der Erfüllung dieses Paktes zu hindern, wurden die Goethe-Institute erfunden?

Die Goethe-Institute sind eine wunderbare Einrichtung, die es dem deutschen Literaten ermöglicht, fremde Städte kennenzulernen und am anderen Ende der Welt vor einem erlesenen Publikum aus Düsseldorfern, Hannoveranern und Hamburgern seine Dichtung zum Vortrag zu bringen. Allerdings, das deutsche Literaturmilieu ist in ingeniösester Weise darauf ausgerichtet, Menschen von der Literaturproduktion abzuhalten.

Was nicht in allen Fällen ein Unglück sein muß.

Das haben Sie gesagt.

Jetzt auf einmal! Aber schweifen wir nicht ab, bleiben wir bei der gruseligen Kunst. Wenn Sie sagen, Erzählen hat mit Bildern zu tun – ist das ein Plädoyer für den Realismus? Für jenes berühmte «realistische Erzählen», von dem deutsche Kritiker mysteriöserweise glauben, es fände in den Vereinigten Staaten von Amerika statt?

Ganz im Gegenteil. Je traumhafter die Bilder, desto besser. Das eben hat das Schreiben dem Film voraus: Es ist nicht gebunden an die physischen Wirklichkeiten unseres Daseins, bloß an die existentiellen. Die größte literarische Revolution der zweiten Hälfte des zwanzigsten Jahrhunderts, das waren die Erzähler Südamerikas, die an Kafka anknüpften und die Grenzen zwischen Tages- und Nachtwirklichkeit, zwischen Wachen und Traum durchlässig machten. Romane als große Träume, in denen alles möglich ist. So entstanden die funkelnden Meisterwerke dieses Kontinents: *Hundert Jahre Einsamkeit, Fiktionen, Das Reich von dieser Welt, Pedro Páramo.* Hierorts wollte man davon nicht viel wissen, knüpfte an den Dadaismus der Vorkriegszeit an, zog den Humor ab und nannte es ein Experiment. Lautpoesie und soziales Engagement – die zwei bedrückenden Eckpfeiler des radikalen Realismus. Selbst der eine große Magier unserer Literatur, der Autor der *Blechtrommel,* wurde als engagierter Didakt gelesen. Und was das harte minimalistische Erzählen, den Realismus der Hemingway-Carver-Schule angeht – denn Carver ist ein Erbe Hemingways, der dessen Technik aus dem Urwald und dem Krieg holte und heimbrachte ins Privatleben der Vorstädte –, so finden Sie das häufiger am Leipziger Literaturinstitut als in den USA.

Die Experimente, die Sie interessieren, haben also mit dem Realismus beziehungsweise dessen Abwesenheit zu tun?

Ich fand Literatur immer am faszinierendsten, wenn sie nicht die Regeln der Syntax bricht, sondern die der Wirklichkeit. Das habe auch ich immer versucht, und ich war immer wieder überrascht davon, wie stark die inneren Widerstände deutscher Kunstverständiger dagegen sind. Man könnte daran wohl Mentalitätsbeobachtungen knüpfen; ich glaube, nirgendwo sonst ist die Literatur, aber nirgendwo auch das Lebensgefühl so fest verankert in gutbürgerlich unzerstörbarer Wirklichkeit. García Márquez sagt in einem Gesprächsbuch, daß man als Kolumbianer ganz von selbst zum Surrealisten wird, weil die einen umgebende *Welt* so unwirklich ist. So gesehen, sind wir hier wohl das andere Extrem. Hier ist das Wirkliche so geordnet, daß wir in Planquadraten träumen.

Sie sind wohl lange nicht mit der Deutschen Bahn gefahren.

Oh ja, danke für das Stichwort. Könnte ich ein paar Dinge zur Deutschen Bahn sagen?

Nicht hier, nicht jetzt.

Ich würde viel lieber Vorlesungen über die Deutsche Bahn halten als übers Schreiben. Neulich, hier in Göttingen war das sogar, da stand ich am Bahnhof, und wegen Bauarbeiten war ein Zug ausgefallen. Nun hatte die Bahn aber am selben Tag noch Reservierungen entgegengenommen für einen Zug, von dem sie seit drei Wochen wußte, daß er nicht fahren würde. Der Mann am Schalter sagte mir, sehr unfreundlich übrigens, daß es eine Ersatzverbindung gebe. Die gab es nicht. Als Folge davon standen plötzlich etwa vierhundert Menschen völlig verloren da und wußten nicht –

Das interessiert keinen.

Ich würde es aber gerne loswerden. Niemand reist so viel wie Handelsvertreter und deutsche Schriftsteller. Wenn ich bezeuge, daß selbst in Polen und Rußland, wo ich schon unterwegs war, die Bahn besser funktioniert –

Dann machen Sie sich nur unbeliebt, und es interessiert immer noch keinen. Wir waren beim Realismus.

Ja, eben.

Um Gottes Barmherzigkeit willen, ich flehe Sie an, hören Sie mit der Bahn auf!

Gut, gut. Also, in meinen Romanen ging es mir immer um das Spiel mit Wirklichkeit, das Brechen von Wirklichkeit. Und, ich sage das jetzt ganz offen, es gehörte zu meinen bedrückendsten Erlebnissen als Schriftsteller, daß so etwas in Deutschland einfach nicht verstanden wird. In meinem ersten Roman etwa liegt der Held am Ende des ersten Drittels in seinem Bett und beginnt allmählich zu träumen. Darf ich die Passage zitieren?

«Ich versuchte, mir ein Kloster vorzustellen: Hohe Mauern, Kreuzgänge, ein alter Brunnen, ein Gemüsegarten. Das Gebäude, das meine Phantasie in aller Eile errichtete, war ein wenig unscharf und enthielt Versatzstücke aus der *École Internationale* und dem Haus Beerholms.

Trotzdem, mir gefiel es. Und ich fühlte, wie ich schon ruhiger wurde und wie sich langsam, wie Wasser in einem überschwemmten Keller, in mir der Schlaf ausbreitete. Ich ging auf das Kloster zu, öffnete das große Portal – es ging ganz leicht – und trat ein. Ein verschatteter Steingang, eine alte Treppe mit ausgetretenen Stufen. Ich begann hinaufzusteigen. Noch ein Gang, Lichtstrahlen fallen schräg ein und durchschneiden den Raum in der Diagonalen; unwillkürlich zieht man den Kopf ein, um nicht anzustoßen. Ein paar Leute gehen an mir vorbei, aber ich mache mir nicht die Mühe, ihnen Körper und Gesicht zu geben. Ich achte auf meine Schritte, mit einiger Anstrengung gelingt es mir, ihr hallendes Geräusch zu hören, eigenartig in der Stille. Und dort ist eine Tür. Ich bleibe stehen und trete näher heran. Ach ja, hier werde ich hineingehen. Ein leeres Messingschild hängt in Augenhöhe – jetzt muß ein Name her. Etwas Originelles, vielleicht Lateinisches ...? Oder lieber etwas Einfaches: Weber, Schuster ... – nein, wenn schon ein Handwerkername, dann: Fassbinder. Sehr gut, das klingt einfach und zugleich irgendwie passend. Ich konzentriere mich auf das Schild, und dort, zuerst nur als grauer Schatten, dann immer deutlicher, tauchen Buchstaben auf: *Pater Fassbinder.* Jetzt kann ich wohl hinein. Ich klopfe. Nichts. Unsinn, es muß jemand da sein; ich will es so. Ich klopfe wieder. Und jetzt höre ich sie: Eine Stimme, die etwas sagt. Wahrscheinlich ‹Herein!› Ich drücke auf die Klinke, die Tür springt auf. Ich trete ein.

Es war ein großes, praktisch eingerichtetes Arbeitszimmer. Büchergestelle, Stühle, ein Tisch mit einer mechanischen Schreibmaschine darauf. Dahinter saß ein Mann. Er mußte etwas über fünfzig sein und war mittelgroß, dicklich, hatte graue Haare, eine scharfgezeichnete Nase, volle Wangen, breite Augenbrauen. Er trug einen schwarzen Anzug mit weißem Kragen, und an seinem Revers blitzte ein dünnes silbernes Kreuz. Er saß mit gesenktem Kopf da; als ich hereinkam, sah er nicht auf. Ich blieb verwirrt stehen.

‹Kommen Sie näher!›, sagte er. ‹Setzen Sie sich!›»

Hier sollte nicht nur der Held verwirrt stehenbleiben, auch der Leser. So hoffte ich. Der Protagonist erträumt sich eine Figur, er – immerhin trägt der Roman das im Titel – stellt sie sich vor. Er malt sie sich aus, so wie ich sie mir beim Schreiben ausmalte, und holt sie imaginierend in die Wirklichkeit des Buches. Ohne daß der Traum enden würde, ist Pater Fassbinder von diesem Moment an eine handelnde Figur, ein Teil der Geschichte. Man könnte vermuten, daß alles, was von da an geschieht, noch Teil des Traumes ist. Man könnte auch vermuten, daß der ja ohnehin nicht besonders verläßliche erzählende Protagonist durch solche Tricks und Wendungen seinen Bericht einer illusionistischen Show, einer Bühnenvorstellung, ähnlich machen möchte. Oder man könnte vermuten, daß der Autor eben diese Unsicherheit erzeugen möchte, daß er den Leser innehalten lassen will wie Beerholm auf der Türschwelle. Ich wurde oft auf diese Passage angesprochen, die Rezensenten aber nannten das Buch, durchaus lobend, einen realistisch erzählten Roman. Sie hatten es einfach überlesen.

Das kann doch passieren. Dann haben Sie es eben nicht klar genug dargestellt. Der Fehler liegt in jedem Fall bei Ihnen. Herrje, Sie können doch nicht ernsthaft behaupten, daß Ihre Wendungen zu subtil seien für die Intelligenz der Rezensenten.

Zu subtil wohl nicht. Einige Jahre später veröffentlichte ich die Novelle *Der fernste Ort*. Am Anfang steigt der Held ins Wasser, schwimmt hinaus, gerät in eine ungünstige Strömung und geht unter. Er ertrinkt beinahe, zurück am Ufer entschließt er sich, den Unfall, den er gerade fast gehabt hätte, vorzutäuschen, und als scheinbar Toter aus seinem Leben zu entfliehen. Er läßt seine Kleidung liegen und macht sich davon. Von diesem Moment an aber wird die Geschichte immer seltsamer. Ereignisse aus seiner Kindheit wiederholen sich, nur leicht verändert, vor seinen Augen. Er besucht seinen Vater im Krankenhaus, wenige Seiten später erfährt man, daß sein Vater schon lange tot ist. Als es darum geht, sich einen falschen Paß zu besorgen, betritt er das nächstbeste seltsame Nachtlokal, wird dort empfangen und wie ein alter Bekannter in einen Keller geführt, da sitzt sein Vorgesetzter aus der Arbeit und übergibt ihm seinen fertigen neuen Paß. Auch tauchen immer wieder eigentümliche

Unterwasserbilder vor seinen Augen auf: Fische, Schling-
pflanzen, wogendes Seegras. Kurz, es ist von fast schon
aufdringlicher Eindeutigkeit, daß er eigentlich unterge-
gangen ist und die ganze Geschichte sich in seinem Kopf,
in den wenigen Momenten der Agonie abspielt.

Die Idee war aber schon vor Ihnen da.

Aber ja, eine Variation auf ein altbekanntes Thema. Nun
dachte ich, daß es dem Leser Vergnügen bereiten könnte,
wenn diese Richtung der Geschichte ihn überrascht. Und
traf die folgenreiche Entscheidung, daß nichts von dieser widerrealistischen Wendung im Klappentext angedeu-
tet sein sollte. Gemeinsam mit meinem Lektor schrieb
ich also in die Verlagsvorschau, daß das Buch von einem
jungen Mann handle, der einen Unfall übersteht und ein
neues Leben beginnt. Einen Aussteigerthriller also. Dann
erschien das Buch. Alle Leser, die ich kenne, verstanden
es sofort. Meine Großmutter verstand es. Mein Onkel, der
in Bad Godesberg eine Kneipe besitzt, verstand es. Meine
russische Übersetzerin rügte mich, daß die Hinweise etwas holzhammerhaft daherkämen.

*Verzeihen Sie, wenn ich gähne. Aber mich erinnert das ein
wenig an Ihre Tirade über die Deutsche Bahn.*

Ich beschwere mich doch nicht! Oder doch, ja, ich beschwere mich, aber die Erfahrung scheint mir mittei-
lenswert. Ich bekam nur gute Kritiken für dieses Buch.

Ausschließlich. Aber zwei Drittel der hauptberuflichen Beurteiler hielten es für den realistischen Roman, als den es sich durch seinen Klappentext maskierte. Ein Buch, in dem ein Vater einmal tot ist und danach wieder am Leben und in dem man sich innerhalb von fünf Minuten einen gefälschten Paß besorgen kann. Ganz ehrlich: Mich störte nicht, daß sie es nicht verstanden. Mich störte, daß sie es nicht verstanden und das Buch lobten. Denn, bitte, wofür? Und mich stört, daß ein Klappentext offenbar die Rezeption durch die angeblichen Profis so eisern bestimmt, daß keine ihm zuwiderlaufende Überraschung mehr möglich ist.

Also wenn Lob Sie stört, kann ich Sie beruhigen. Dem läßt sich Abhilfe schaffen.

Jedenfalls war es wohl auch dieses Erlebnis, das mich auf die Idee brachte, eine Kritikersatire zu schreiben. Ein Buch darüber, wie man zum hauptberuflichen Kunstbeurteiler werden kann, ohne eine Ahnung von Kunst zu haben und ohne imstande zu sein, selbst die einfachsten kompositorisch-motivischen Zusammenhänge eines Werkes nachzuvollziehen. Ich sehe *Ich und Kaminski* übrigens eher als ein Theaterstück in Verkleidung eines Romans. Das Buch ist sehr szenisch, und von den ausführlich beschriebenen Kunstwerken des alten Malers abgesehen, besteht es vorwiegend aus Dialogen.

144

Diese Kunstwerke beschreiben Sie ja sehr genau. Wozu ei-
gentlich?

Gebrochener Realismus auch das. Erstens fand ich es tri-
vial, einfach eine Figur als großen Maler einzuführen und
vom Leser zu verlangen, daß er das akzeptiert. Sie kennen diese Einstellung aus Fernsehserien: Ein Malergenie
steht vor seiner Staffelei und arbeitet, nur ist der Kame-
rawinkel immer gerade so, daß man nicht sieht, was da
auf der Leinwand ist. Das ist eine künstliche Beschränkung des Blicks, die man sofort als Schwäche des Werks,
als Signal der Trivialität empfindet. Natürlich kann das
visuelle Medium nicht eben mal so künstlerisch bedeu-
tende Bilder hinstellen, denn wenn der Requisiteur sie
produzieren könnte, wäre er nicht Requisiteur geworden,
sondern hätte Ausstellungen in Pariser Galerien. Aber
der Roman kann es natürlich. Deswegen, nebenbei gesagt, eignet er sich auch besser fürs Historische als der
Film. Dieser, in der Totalität seines Blickes, ist dazu ver-
dammt, Tausende kleine Fehler zu machen. Prosa aber
kann aussparen und hat ebendarum, paradoxerweise, die
Möglichkeit, fehlerlos zu sein. Die Werke Kaminskis jedenfalls habe ich dann möglichst exakt in die Kunstge-
schichte des zwanzigsten Jahrhunderts einzuordnen versucht, in genau dem Tonfall und mit den Querverweisen,
die ich auch verwenden würde, wenn es sie gegeben hätte.
Es sind nur ein paar Seiten, aber für die mußte ich sehr
viel lesen. Das führte übrigens dazu, daß ich oft gefragt
wurde, wo man denn diese Bilder sehen könne. Wenn ich

sagte, nirgendwo, kam die Gegenfrage, wie ich sie denn dann hätte beschreiben können und wie ich zum Beispiel zu den Sätzen gekommen sei, die im Buch als Picasso- oder Matisse-Zitate über Kaminskis Werk ausgegeben werden. So etwas könne man doch nicht einfach erfinden! Wenn ich dann sagte, daß das Gesamtwerk von Borges voll von ebensolchen Machinationen sei, kam erstaunlich häufig die Gegenfrage: Ach, der von *Draußen vor der Tür?*

Also zusammengefaßt, Sie meinen, daß in der deutschen Nachkriegsliteratur ein paar Dinge grundlegend schiefgegangen sind?

Ich meine, daß sie sich nie davon erholt hat, daß «der beste Jahrgang deutscher Reben», wie es bei Walter Mehring heißt, «vor der Ernte ums Leben» kam. Die Dinge waren schon einmal besser. Neulich hat mir eine französische Lektorin erzählt, daß es in zahlreichen Redaktionen ihres Landes Literaturkenner gebe, die sich weigern, ein zeitgenössisches deutsches Buch auch nur aufzuschlagen. Vielleicht sind die alle dumm und ahnungslos. Ich weiß es wirklich nicht. Vielleicht haben drei Viertel der Leser auf der Welt ja keine Ahnung von Literatur. Aber womöglich lief hier wirklich das eine oder andere falsch.

Wie steht es denn mit dem gebrochenen Realismus in der «Vermessung der Welt»?

Ich dachte, von der wollen wir beim nächsten Mal reden. Es ist ein gebrochener Realismus der Gattung. Das Buch gibt sich als ernsthaftes Geschichtswerk und ist das Gegenteil davon. Das ist nicht bloß eine Ironie des Tones, sondern eine der Haltung. Und außerdem gibt es darin magischen Realismus in Überfülle: Humboldt ist umgeben von Gespenstern und Monstern, die er nach Kräften ignoriert. Zweimal erscheint ihm der Geist seiner Mutter. Einmal trifft er ein veritables Seeungeheuer. Und in einer fiebrigen Passage sehen er und Bonpland in der Nachmittagshitze über dem Orinoko ein Ufo. Außerdem findet zwischen Humboldt und Gauß ständig eine Gedankenübertragung statt, von der sie beide nichts wissen, die nur der Leser bemerkt. Zwischen ihren beiden Leben läuft wie auf einem Webstuhl das Schiffchen mit den Motivfäden hin und her.

Bücher bestehen aus Motiven – wie Musik?

Wie Musik. Aus deren Einführung und Variation, deren Abwandlung und Wiederholung und aus dem Vergnügen, sie selbst in transponierter und fast unkenntlicher Gestalt noch auszumachen und wiederzuerkennen. Hierin liegt, wenn überhaupt, die Parallele zwischen Prosa und Musik. Sätze sind Sätze, sie können nicht musikalisch sein, sooft man dieses Klischee auch bemühen mag. Selbst bei Hölderlin oder Rilke nicht. Ihre Gedichte sind wohlklingend wie nichts anderes in unserer Sprache. Aber musikalisch? Nein, Sprache ist keine Musik.

Nun muß ich aber doch zur Frage am Anfang zurückkommen. Da wollten Sie mir nicht sagen, warum Sie schreiben. Ehrlich gesagt, nach allem, was Sie nun erzählt haben, habe ich immer noch keine Ahnung. Sie wollten das doch vermutlich immer schon machen?

Das gebe ich zu.

Aber warum? Nur aus Geldgier und Geltungssucht?

Ich würde die Reihenfolge umdrehen. Kann ich lieber noch etwas über die Deutsche Bahn sagen?

Ich denke, das ist der Moment, an dem ich mich für das Gespräch bedanke –

So plötzlich? Ich würde das schon gerne erzählen. Das war neulich in Dessau. Da gibt es zwei Fahrscheinautomaten, von denen sind zwei defekt. Ein Schalter ist offen. Vor dem stehen siebzig Leute. Ohne Übertreibung: siebzig. Ich habe gezählt. Ich hatte noch zwanzig Minuten vor der Abfahrt des Zuges. Es war klar, die Zeit würde nicht reichen. Glauben Sie, irgend jemand wüßte, was man in so einer Lage tut? Glauben Sie, es gibt weit und breit einen Angestellten, der hilft?

Haben Sie vielen Dank für die Ausführungen. Und Ihnen allen vielen Dank für Ihre Aufmerksamkeit.

Moment! Ich habe dann nämlich doch einen Automaten gefunden. Der hat aber meine Kreditkarte abgelehnt.

Und morgen geht es weiter. Gute Nacht, kommen Sie gut nach Hause.

II

Heute soll es um *Die Vermessung der Welt* gehen, ums Historische und Ahistorische, um die Kunst der Recherche und die Recherche zur Kunst, und auch von deutscher Klassik wird das eine oder andere Mal die Rede sein. Für die, die gestern nicht dabeiwaren: Ich habe mir das Leben erleichtert durch die Einführung eines Befragers und so den Monolog in ein Gespräch verwandelt. Der Trick ist nicht ganz neu, er stammt von Platon und wurde seither auch das eine oder andere Mal verwendet, aber in diesem Fall schien er mir um so angebrachter, als das Dasein des deutschen Schriftstellers heute einer ständigen Befragung gleicht, bei der alle Welt ständig etwas von ihm zu wissen wünscht, als wüßte er vieles, und dabei wird man doch Schriftsteller, weil man eigentlich gar nichts weiß. Also bitte ich meinen Gesprächspartner aufs Podium, und in diesem Sinn ...

Und in diesem Sinn meine erste Frage. Es ist die, die Ihnen vermutlich nach diesem Buch ständig gestellt wird. Haben Sie viel recherchiert – und wie?

Tatsächlich, sie wird oft gestellt. Sie erinnert mich ein wenig an die Frage, die Schauspieler am öftesten zu hören bekommen. Denn die lautet nicht: Wie machen Sie es, daß Jago so abgrundtief böse wirkt, oder wie haben Sie Desdemona diesmal angelegt? Sondern: Fällt es Ihnen schwer, all diesen Text zu lernen? Die Armen stottern dann meist, etwas beschämt und ein wenig befremdet, vor sich hin, weil sie die eigentlich einzig richtige Antwort nicht geben mögen. Die lautet nämlich: Ja, manchmal mehr, manchmal weniger, aber wenn man das nicht könnte, hätte man sich einen anderen Beruf suchen müssen, es ist eine Äußerlichkeit, und das Wesentliche beginnt erst, wenn solche Dinge erledigt sind. Textlernen ist schwer, Recherchieren ist mühsam, aber viel mehr läßt sich darüber auch nicht sagen.

Sie haben von zwei historischen Personen erzählt. Sie haben diesen beiden Dinge angedichtet und anerfunden. Finden Sie das moralisch völlig unproblematisch?

So unproblematisch, wie Kunst eben sein kann. Wirklich anständig ist sie nämlich nie. Ein Künstler ist nicht vollkommen, nicht ganz und gar respektabel. Aber es ist von alters her eine Domäne der Literatur, ihre eigenen Versionen historischer Personen nachzuerschaffen. Man kann es sich natürlich leichtmachen wie Heiner Müller und sagen, alles Geschichtliche ist Material. Aber so einfach ist es nicht. Natürlich ist Schillers Wallenstein nicht der historische Wallenstein, aber er ist auch nicht irgendeine Figur, die mit Wallenstein nichts außer dem Namen gemeinsam hat. Willy Brandt und Günter Guillaume in Michael Frayns Stück *Demokratie* sind natürlich nicht einfach der historische Brandt und der historische Guillaume, aber sie sind auch nicht zwei frei erfundene Phantasiegestalten. Der historische Mensch selbst ist gewissermaßen ein Magnet, und um ihn herum ist ein Feld, in dem man sich erfindend bewegt. Kommt man der ursprünglichen Gestalt zu nahe, dann schreibt man einfach eine Biographie, und das ist nicht der Sinn der Sache. Entfernt man sich aber zu weit, so daß die Kraft ihres Feldes nicht mehr spürbar ist, so hat man das künstlerische Recht verloren, ihren Namen zu verwenden, und man unternimmt etwas ganz Sinnloses.

Sie machen sich also ein Bild, und dann erfinden Sie, um dieses Bild zu stützen?

So kann man es ausdrücken.

Ist das denn seriös?

Im Journalismus wäre es eine Todsünde. In der Literatur ist es nicht nur erlaubt, sondern notwendig.

Und ist der Unterschied zwischen Literatur und Journalismus immer so klar und eindeutig?

Der Hauptunterschied ist schon einmal, daß auf einem Roman das Wort «Roman» steht. Mithin, daß schon vor dem ersten Wort ein Pakt zwischen Erzähler und Leser geschlossen wird, der besagt, daß der Leser alles hinnehmen und zugleich alles und auch gar nichts glauben wird. *«Suspension of disbelief»* nannte das Coleridge.

Wer also Ihren Roman liest, um zu erfahren, wie es gewesen ist …

Dem muß ich abraten. Selbst wenn es zufällig so gewesen sein sollte, wie ich es schildere – was ich, unter uns gesagt, durchaus für möglich halte –, so wäre er trotzdem nicht im landläufigen Sinn «zutreffend».

Wären Ihre Figuren noch am Leben, all diese Argumente würden Ihnen nichts nützen. Sie würden verklagt werden, und Sie würden verlieren.

Mit Sicherheit.

Warum dürfen Sie also mit Gauß tun, was Sie mit Jürgen Habermas nicht tun dürften?

Darüber habe ich lange nachgedacht. Man hat unwillkürlich das Gefühl, daß es hier einen fundamentalen Unter-

153

schied gibt, und ich meine, dieses Gefühl täuscht nicht. Aber worin liegt er? Ich denke, es ist die Zeit. Persönlichkeitsrechte werden von der vergehenden Zeit getilgt. Nicht nur in rechtlicher, auch in moralischer Hinsicht. Es hat mit der Natur des Nachruhms zu tun: Wessen Name so lange überlebt, daß seine Leistungen mit solcher Klarheit hervortreten, der ist offenbar all den Erwägungen enthoben, daß man ihn schützen müsse vor der schwärzenden Kraft der Erfindung. Oder anders gesagt: Man billigt ihm nicht mehr das Recht auf Egoismus zu, auf Eitelkeit. Oder, wieder anders gesehen: Man hat sich mit dem Umstand abgefunden, daß er tot ist. Ganz und gar und vollkommen tot. Unserer Welt und ihrem Spott entrückt.

Und wie lange muß einer gestorben sein, damit er in diese Lage kommt?

Schwierige Frage. Vermutlich verlängert sich diese Zeitspanne parallel zu unserer wachsenden Lebenserwartung. Aber ich möchte hier keine Zahl nennen. Prüfen Sie Ihr Gefühl. Mit Einstein läßt sich wenig anstellen, ohne daß man es als problematisch empfände. Mit Humboldt deutlich mehr. Mit Cicero alles.

Es hängt vielleicht auch mit der Größe eines Namens, einer Figur zusammen. Je berühmter einer ist, desto geringer die Gefahr, daß eine Erfindung bildbestimmend wird. Nun ist aber gerade das mit Ihnen und Gauß passiert. So mancher denkt jetzt, Gauß war wirklich so, wie er bei Ihnen ist.

Und ein wenig, ich gebe es zu, bekümmert mich das. Das ist eben die durch nichts gerechtfertigte Bildmacht des Spätergeborenen. Auf S. 9 meines Romans sagt er es selbst: «Seltsam sei es und ungerecht, so recht ein Beispiel für die erbärmliche Zufälligkeit der Existenz, daß man in einer bestimmten Zeit geboren und ihr verhaftet sei, ob man wolle oder nicht. Es verschaffe einem einen unziemlichen Vorteil vor der Vergangenheit und mache einen zum Clown der Zukunft.»

Moment bitte – wer sagt das?

Gauß.

Gauß hat das nie gesagt.

Natürlich nicht. Mein Gauß sagt es. Die literarische Figur!

Sie haben gerade die Vertauschung unternommen, vor der Sie sich mit dem Zitat verwahren zu wollen vorgeben. Zeigt das nicht, daß die Sache etwas komplizierter ist?

Alle Dinge sind komplizierter, als man es gern hätte. Darf ich Sie bitten, mich nicht in die Enge zu treiben? Was ist denn das für eine Art, Sie sind doch meine Erfindung.

Ich hab's nicht vergessen.

Wir waren doch bei der Frage nach den Recherchen. Also, das war alles nicht so wild. Humboldts Reisen sind erstklassig aufgearbeitet. Natürlich habe ich die drei Bände seines Reiseberichtes, der übrigens den bestsellerträchtigen Titel *Relation historique du Voyage aux régions équinoxiales du Nouveau Continent* trägt und schon zur Zeit seines Erscheinens als bestürzend langweiliges Buch über eine atemberaubend spannende Reise galt, so genau wie möglich gelesen, mit dem Bleistift in der Hand, Notizen machend, genau wie Sie es sich vorstellen. Aber das Schöne ist: Die gesamte Reise ist wissenschaftlich erschlossen. Es gibt erstklassige Bücher, die sie Station für Station zusammenfassen und aufzählen, was er an jedem Ort getan hat, was er entdeckt, was katalogisiert, was er also geleistet hat und was Bonpland zugestoßen ist. Der Arme war tatsächlich dauernd krank, ihm wurden Zähne ausgeschlagen, alle Mißgeschicke, denen Humboldt durch Disziplin und Glück entging, trafen ihn mit voller Wucht. Und was Gauß angeht, so gibt es vor allem die Briefe, aus denen einem sofort ein komplexer, vielgestaltiger, nachvollziehbarer Mensch entgegentritt. Das ist um so erstaunlicher, als einem das bei Humboldt nie passiert. Er bleibt sehr fern und fremd. Im Fall von Gauß war mir nur eines fern, und das war seine Mathematik. Dafür mußte ich wirklich manches nachlernen. Der Teil der Arbeit war schrecklich, und auf den bin ich wirklich stolz. Es gibt übrigens eine für meine Zwecke hervorragende Gauß-Lebensgeschichte des Mathematikers Walter K. Bühler. Als Biographie ist sie entsetzlich, eine sture Aneinanderreihung von Fakten, ohne Verbindung, ohne erzählerischen Bogen, ohne daß ein Gesamtbild entstünde. Für meine Zwecke natürlich ideal. Erzählen wollte ich ja selbst.

Welche Fragen stellt man Ihnen am öftesten?

Es sind vier. Die mit Abstand häufigste: *Wie sind Sie auf die Idee gekommen?* Zweitens: *Was stimmt denn nun eigentlich?* Drittens: *Haben Sie eigentlich recherchiert?* Beachten Sie – nicht, haben Sie viel, sondern haben Sie überhaupt. Viertens: *Warum gerade Humboldt und Gauß?*

Möchten Sie eine davon noch mal beantworten?

Um keinen Preis. Nicht für viel Geld. Nein, nein und dreimal nein. Nein!

Dann lieber folgendes: Humboldt ist doch Schriftsteller. Hat er Ihnen eigentlich bei der Arbeit geholfen?

Ohne ihn hätte ich es nicht machen können. Humboldt ist – vor allem, wenn er Deutsch schreibt, sein Französisch ist viel blasser – einer der größten Prosaautoren überhaupt; oder vielmehr, er könnte es sein, wenn er sich dazu hätte überwinden können, nicht jede gelungene Passage unter Unmengen von Meßdaten zu ersticken. Darf ich einen Absatz aus den *Ansichten der Natur* vorlesen? Das ist aus dem Kapitel «Über die Steppen und Wüsten».

«Aus der üppigen Fülle des organischen Lebens tritt der Wanderer betroffen an den öden Rand einer baumlosen, pflanzenarmen Wüste. Kein Hügel, keine Klippe erhebt sich inselförmig in dem unermeßlichen Raume. Nur hier und dort liegen gebrochene Flözschichten von zweihundert Quadratmeilen Oberfläche bemerkbar höher als die angrenzenden Teile. Bänke nennen die Eingebornen diese Erscheinung, gleichsam ahndungsvoll durch die Sprache den alten Zustand der Dinge bezeichnend, da jene Erhöhungen Untiefen, die Steppen selbst aber der Boden eines großen Mittelmeeres waren.

Noch gegenwärtig ruft oft nächtliche Täuschung diese Bilder der Vorzeit zurück. Wenn im raschen Aufsteigen und Niedersinken die leitenden Gestirne den Saum der Ebene erleuchten oder wenn sie zitternd ihr Bild verdoppeln in der untern Schicht der wogenden Dünste, glaubt man den küstenlosen Ozean vor sich zu sehen. Wie dieser erfüllt die Steppe das Gemüt mit dem Gefühl der Unendlichkeit und durch dies Gefühl, wie den sinnlichen Eindrücken des Raumes sich entwindend, mit geistigen Anregungen höherer Ordnung. Aber freundlich zugleich ist der Anblick des klaren Meeresspiegels, in welchem die leichtbewegliche, sanft aufschäumende Welle sich kräuselt; tot und starr liegt die Steppe hingestreckt wie die nackte Felsrinde eines verödeten Planeten.»

Das kann Goethe nicht besser.

Aber es sind Momente, immer nur Momente, weil er sich nicht entscheiden konnte, ob er Wissenschaftler sein wollte oder beschreibender Literat. Man könnte nun sagen, das schließt sich ja nicht aus – aber zu den wenigen Dingen, die nicht poesiefähig sind, gehört das Meßergebnis. Listen von Meßergebnissen, da hilft nichts, sind das Unpoetische schlechthin. Und Humboldt liebte nun einmal Meßergebnisse. Wenn man ihn liest, kann man sich tatsächlich des Gefühls nicht erwehren, daß sie ihm ein Gefühl von Sicherheit gaben.

Sie haben Humboldt an Orte geschickt, die er selbst beschrieben hat. Haben Sie da seine Prosa übernommen?

Niemals. Das war eine Spielregel, die ich mir selbst vorgeschrieben hatte. Der Roman sollte von mir sein und auf keinen Fall ein postmodernes Gemisch, in das auch Texte anderer einmontiert sind. Humboldts Landschaftsbeschreibungen waren unendlich hilfreich für mich, weil ich mir mit ihrer Hilfe ein klares Bild von all den Orten machen konnte, an denen er gewesen war. Humboldt kann einem wirklich beibringen, was Natur ist und wie sie sich anfühlt. Wie eine Form der Landschaft in eine andere übergeht, wie das Klima die Flora formt, welch unterschiedliche Farben die Luft haben kann. Ja, Farben der Luft. Das war mir nie aufgefallen zuvor, das habe ich von Humboldt gelernt. Ich habe mir also mit seiner Hilfe ein Bild von den Orten gemacht, und dann habe ich sie mit meinen eigenen Worten beschrieben, nie mit seinen. So waren die Regeln, daran habe ich mich gehalten.

Gab es noch andere Regeln?

Ich glaube nicht an Regeln beim Schreiben. Es gab nur mein eigenes Gefühl von innerer Richtigkeit, künstlerischer und historischer. Manchmal mußte ich mit diesem Gefühl längere Gespräche und Diskussionen ausfechten. Darf ich das noch, habe ich mich dann gefragt, ist das noch erlaubt und legitim?

Sie meinen etwa Gauß in seiner Hochzeitsnacht?

Ach, das finde ich harmlos. Ja, es ist eine Verletzung seiner Intimsphäre, aber Literatur ist nun mal zudringlich. Wirklich gezögert habe ich bei dem Selbstmordversuch, den ich ihm zuschreibe. Das ist doch eine recht gravierende existentielle Unterstellung. Viel mehr als ein coitus interruptus aus wissenschaftlichen Gründen.

Ein untauglicher Selbstmordversuch allerdings.

Das kommt aber erst etwa hundertfünfzig Seiten später heraus. Der junge Gauß möchte Curare trinken, aus einer Flasche übrigens, die Humboldt selbst ein paar Jahre vorher aus Südamerika herübergesandt hat. Er fühlt sich an der Schwelle des Todes und entscheidet sich dann dagegen. Erst viel, viel später erzählt ihm Humboldt, daß man Curare problemlos trinken kann, daß man es in eine Wunde träufeln muß, damit es tötet. Nur ein aufmerksamer Leser erinnert sich und versteht, warum Gauß in diesem Moment so verblüfft ist.

Derselbe aufmerksame Leser, der versteht, warum im Kapitel «Der Garten» der Graf von der Ohe zur Ohe an Gauß die Frage richtet, ob er nicht eine Beschwerde hätte vorbringen wollen.

Derselbe, ja. Man hat ja ein paarmal gesagt, daß es in der *Vermessung der Welt* zuwenig Metaphysik gebe. Ich fürchte eher, es gibt zuviel davon. Das Kapitel «Der Garten» ist eine Kafka-Umkehrung. Der Landvermesser – dieses Wort fällt übrigens nie, es ist immer vom Geodäten die Rede – kommt zum Herrenhaus und wird abgewiesen. Nun, aber das ist ein Vermesser von anderem Kaliber als der, den wir kennen. Dieser setzt sich sofort und mit solchem Nachdruck durch, daß man ihn praktisch augenblicklich vorläßt. Er läßt den Grafen sogar aus dem Bett holen, einfach so, weil ihm danach ist.

Und der Graf ist ...

Erstens, die einzige Person im Roman, die Gauß intellektuell überlegen ist. Zweitens: Ja, manches deutet darauf hin, daß er der ist, an den Gauß so lange schon einige Fragen richten wollte. Ihm wird die Audienz gewährt, die Menschen normalerweise nicht gewährt wird. Die Audienz, die er sich so lange schon gewünscht hat. Aber wie das Leben so spielt, er bemerkt es nicht.

Und der tropische Garten?

Ist erstens wieder eine Verbindung zu Humboldt, zweitens ein Element der Kafka-Umkehrung. Kafkas Räume sind Interieurs, stickig, staubig und mit niedrigen Decken. Was ist weiter davon entfernt? In frischer Luft zu stehen, in einem Garten, und dann noch in einem wuchernden, wilden, tropischen.

Der, aus dem Adam damals vertrieben wurde?

Das wird mir zuviel, zu germanistisch. Nein, einfach ein Garten. Und der alte Mann ist einfach ein Graf, der zufällig in einem Brief des Landvermessers Gauß Erwähnung findet. Man habe ihn da schlecht behandelt, schreibt Gauß, habe ihn in einem dreckigen Raum ohne Toilette einquartiert. Der Rest ist Erfindung, Ausschmückung – Spiel.

Das interessiert mich natürlich. Dieses Verhältnis von Realität und Erfindung. Danach werden Sie wohl oft gefragt …

Und am liebsten hätten die Fragenden dann Prozentangaben. Siebenvierzig Komma drei Prozent Wahrheit, der Rest reine Erfindung. Natürlich kann man es so nicht

162

aufschlüsseln. In dem Moment, in dem auf einem Buch das Wort «Roman» steht, ist alles Erfindung, auch wenn dies oder das zufällig wahr ist. Nebenbei gesagt, es gab da in der Historie einige Ereignisse, die so unwahrscheinlich waren, daß ich sie nicht im Roman verwenden konnte. Daß Humboldt im Reisebericht von einem besonders häßlichen Affen schreibt, den er entdeckt habe, um ihn dann sogleich den Humboldtaffen zu nennen, das ist natürlich unglaublich komisch. Aber nur, wenn es wirklich geschehen ist. Im Roman konnte ich das nicht gebrauchen, denn dort wäre es per se zur Fiktion geworden, und als solche ist es ein schwacher Scherz. Nur die Wirklichkeit kann sich leisten, sehr unwahrscheinlich zu sein. Die Fiktion ist gezwungen, glaubhaft zu bleiben, dagegen kann man nichts machen.

Humboldt und Gauß haben bei Ihnen gemeinsam, daß sie sich nicht für Kunst interessieren.

Sie sind Gegner des Erzählens, der narrativen Dichtung. Wie übrigens auch die Jesuitenmissionare, die im Roman auftreten. Das ganze Buch ist voll von Feinden des Erzählens. Manche davon bringen Argumente vor, die denen der antinarrativen Avantgarde des zwanzigsten Jahrhunderts nicht unähnlich sind. Ich lasse Humboldt ja sogar sagen, daß die Weiterentwicklung der Fotografie die Malerei überflüssig machen werde – diese abgestandenste aller öden Seminarphrasen. Der historische Humboldt wollte tatsächlich einen Katalog von Pflanzenmerkmalen aufstellen, an die die Maler sich dann halten müßten. Er fand es einfach unerträglich, daß Gemälde die Natur nicht so zeigen, wie sie aber nun einmal für den Wissenschaftler aussieht. Ich lasse meinen Humboldt dann noch einen Schritt weitergehen und eine Liste der Eigenschaften historischer Personen fordern, von denen Dramatiker und Erzähler nicht mehr abweichen sollten – was genau solch einen Roman, wie ich ihn geschrieben habe, verhindert hätte. Humboldt vertritt das Weltbild der Klassik, aber eben ohne jenes durchheiternde, spielerische Element der Befreiung durch Kunst, um dessentwillen man ihr dann doch die Striktheit und Humorlosigkeit gerne verzeiht. Goethe ist ja nicht bloß pathetischer Humanist, er ist auch Erfinder des amoralischen Reineke Fuchs und der vitalsten Teufelsfigur der Literaturgeschichte. Und in seinem letzten Brief spricht er von *Faust II* als «jenen sehr ernsten Scherzen». Ist das nicht schön? Eine bessere Wendung für das Wesen der Kunst wurde nie gefunden.

Humboldt, dagegen, das ist der Klassik gnadenlose Seite. Und für Gauß sind Zahlen die eigentliche Realität und die Menschenwelt, mit der die Kunst es aber nun mal zu tun hat, eine zweitklassige platonische Abspiegelung. Wenn es ein Manko gibt, das die beiden teilen, dann ist das nicht so sehr ihre Mißachtung für andere Menschen. Jeder, der etwas Großes erreichen will, konzentriert sich so sehr darauf, daß er mehr oder minder untauglich wird für das Spiel des Soziallebens. Nein, ihr Manko ist, daß sie in einer Welt leben, in der Kunst keine Rolle spielt. Das ist das eigentlich Inhumane an ihnen. Und dem setze ich, auch formal, Südamerika entgegen, also das Primat des scheinbar unstrukturierten, sprudelnden Erzählens. Das Episodische des Buches, das ständige Entwickeln und Wegwerfen von kleinen und kleinsten Geschichten, die alle gleich wichtig scheinen und die man achtlos fallen läßt, als wäre die Welt so voll von Geschichten, daß es auf jede einzelne kaum ankommt, das ist eben der südamerikanische Erzählgestus. Es ist der Anti-Weimar-Gestus und die Gegenposition zur Erzählfeindlichkeit der Figuren. Aus diesem Zusammenprall einer Form mit einem ihr völlig heterogenen Inhalt entsteht die Grundironie des Romans.

Und aus der indirekten Rede.

Ja, der Pseudosachlichkeit des Tons. Als hätte es, ich habe das immer wieder gesagt, ein verrückter Historiker geschrieben. Genau das war meine Vorgabe: Es sollte klingen, als wäre ein seriöser Historiker plötzlich wahnsinnig geworden. Übrigens wenden sich regelmäßig Leute an mich, um mir zu sagen, dieser oder jener Konjunktiv wäre falsch. Nun ja, als ich das Manuskript abschloß, waren noch einige Konjunktivfehler darin. Vor der Drucklegung wurde es von zwei der besten Lektoren Deutschlands durchgesehen, außerdem von etwa sieben renommierten Schriftstellern. Und dennoch gehen weiter Beschwerden ein. Wissen Sie, mit Konjunktiven ist es wie mit Uniformen. Bei jedem Film, in dem Soldaten auftreten, bekommen die Fernsehsender schier unzählige Anrufe von Privatgelehrten, die ihnen erklären, alle Uniformen seien schon wieder ganz falsch. Bloß, die eine Sache, die in Filmen eigentlich nie falsch ist, sind die Uniformen. Es gibt Spezialisten genau dafür, und jede Produktion, die mit Soldaten zu tun hat, engagiert einen von ihnen als Berater. Aber es hilft nichts, das Land ist voll von Leuten, die nur auf ein Stück grünen Stoffs warten, um zornbebend zum Hörer zu greifen. Uniformen und Konjunktive, da kommt der deutsche Kulturkonsument in Rage. Vermutlich sagt das etwas Profundes über das Land aus.

Was denn?

Keine Ahnung.

Dann kommen wir doch zum Ende. Eine kleine Frage noch, die mich persönlich interessiert.

Sie persönlich interessiert das, was ich für Sie erfunden habe. Ihre Fragen stammen doch von mir!

Werden Sie jetzt postmodern? Da haben wir uns so bemüht, den Anschein einer echten Befragung zu wahren, und plötzlich fangen Sie so an. Was soll denn das bitte?

Entschuldigung, natürlich. Also: Was interessiert Sie persönlich?

Wilhelm. Was hat Ihnen denn der getan? Warum stellen
Sie den so dar?

Wilhelm von Humboldt ist vielleicht wirklich die einzige
Figur, mit der ich ziemlich aggressiv-polemisch umgegan-
gen bin. Ich denke, daß Alexander tatsächlich nach Südamerika ging, weil er so weit wie möglich von seiner Familie, und das war nach dem Tod der Mutter eben vor allem
dieser fürchterliche Erzieherbruder, weg sein wollte. Die
Tropen waren für ihn der Ort, wo sein Bruder nicht war.
Nur daß der Bruder dann natürlich sehr wohl vor Ort
war, weil Humboldt jede Entdeckung sofort in Briefen an
ihn festhielt, weil er also gewissermaßen die ganze Reise
für den Bruder und vor dessen Augen machte. Die Humboldt-Forschungsstelle der Brandenburgischen Akademie
hat sich sehr bei mir beschwert, weil sie fast wöchentlich
Anrufe von Leuten bekommt, die wissen möchten, ob der
kleine Wilhelm wirklich versucht hat, den kleinen Alexander umzubringen. Ich finde ja, sie könnte sich darüber
freuen, wann hat schon die Humboldt-Forschungsstelle
zuletzt so interessante Anfragen bekommen? – Tatsache
ist jedenfalls, daß Wilhelm, wenn man seine Briefe genau
liest, seltsam sadistische Züge offenbart. Ganz klar gesagt:
Er liebte es, wenn Leute sich ihm unterwarfen. Auch und
besonders Frauen. Diesen Zug wohlanständiger Grausamkeit habe ich versucht, im Buch unauffällig zu ver-
ewigen. Ich denke, eine sadistische Grundveranlagung ist
in jedem außer einem einzigen Fall Privatsache und nicht
von größerem Interesse.

Mhm.

Oder?

Was weiß denn ich.

Na, nun fragen Sie mich schon, welches der eine Fall ist!

Bitte sehr. Welches ist der eine Fall, in dem das keine Privatsache mehr ist?

Der Erfinder des deutschen Schulsystems.

Ein schönes Schlußwort. Das sagt man doch, wenn man dem anderen bedeuten will, daß es jetzt genug ist, nicht wahr? Ein schönes Schlußwort!

Ich danke Ihnen für Ihre Fragen.

Die Katastrophe des Glücks
Dankesrede zur Verleihung des WELT-Literatur-
preises

Gegenwart schafft Vergangenheit. Ein Preis gilt einer Leistung, er gilt aber auch einem künstlerischen Lebenslauf. Zugleich trägt er dazu bei, diesen Lebenslauf rück-
blickend in einen anderen zu verwandeln. Auf einmal ist
man immer schon der gewesen, auf den der Preis gewar-
tet und der sich auf diese Auszeichnung zubewegt hat,
kurz: ein Gewinner. So ist das eben.

Mein erster Roman, *Beerholms Vorstellung*, die Lebensgeschichte eines Zauberers, dem Täuschung und
Wahrheit in eins verschwimmen, wurde vor mittlerweile
zehn Jahren von einem kleinen Wiener Verlag publiziert
und verkaufte sich schlecht. Die Öffentlichkeitsarbeit in
Deutschland wurde von einer Presseagentin in München
gemacht, die meinen Verlag bat, mich für zwei Tage nach
München zu schicken, da es so viele Medientermine ab-
zuleisten gebe. Also fuhr ich, widerwillig halb und halb
voll Vorfreude, in meine Geburtsstadt, wo sich aber her-
ausstellte, daß die Presseagentin keinen einzigen Termin
arrangiert hatte. Die zwei Tage saß ich also in meinem
Hotelzimmer, ging spazieren, besuchte Verwandte und

Freunde und fuhr dann, ich gebe es zu, von Betrübnis nicht völlig frei, wieder nach Hause.

Als mein nächstes Buch erschien, ein Band Kurzgeschichten, fragte ich jene Presseagentin, ob ich eine Chance hätte, zu einem bestimmten, recht gut bezahlenden Festival eingeladen zu werden.

«Diesmal nicht. Es heißt, sie laden nur Leute ein, die heuer ein Buch veröffentlicht haben.»

«Habe ich doch. Vorigen Monat. Bei euch!»

Sie überlegte, dann lachte sie auf, denn das hatte sie ganz vergessen. Daß mein Erzählband sich noch schlechter verkaufte als mein Roman, hatte wahrscheinlich viele Gründe, aber einer davon war, daß man das Buch gar nicht kaufen konnte. Die Vertriebschefin des kleinen Wiener Verlages hatte bedauerlicherweise vergessen, den Titel fürs VLB, das Verzeichnis Lieferbarer Bücher, anzumelden.

Das fühlte sich damals ernst an und ist heute eine Anekdote, denn wir betrachten unser Leben stets unter dem Anschein der, wie Schopenhauer es nannte, «anscheinenden Absichtlichkeit», und daß es sehr wohl noch so sein könnte, wie es war, wollen wir nicht mehr recht glauben, sobald es anders ist. Reine Kontingenz ist etwas, das wir uns nicht vorstellen mögen, und so machen wir das, was war, zur Vorstufe dessen, was ist, als wäre nicht alles ein Zufall.

Mit meinem nächsten Roman wechselte ich den Verlag. Der Vertrag, der wie ein Versprechen aus den Literaturgeschichtsbüchern bei mir anlangte, trug die kalligraphisch ebenmäßige, aber erstaunlich kleine Unterschrift Siegfried Unselds. Der Roman, eine Phantasie über Wissenschaft, Zeit und Paranoia, bekam wenige Besprechungen und verkaufte sich kaum. Immerhin lernte ich die wohlgepolsterte Demütigung der Lesereisen kennen: leere Bibliotheksräume, leere Literaturhäuser, leere Buchhandlungen, immer der Blick auf Stühle, auf denen keiner sitzt, und immer ein freundlicher Veranstalter, der Dinge sagt wie: «Aber ich wollte doch wenigstens einmal etwas machen, das mir gefällt!», und «Aber die Frau Seethaler wollte doch noch kommen, weiß jemand was von Frau Seethaler?» Einmal trat ich in einem neuen Literaturhaus auf, zwei Wochen vor der Eröffnung. Der Bau war noch nicht fertiggestellt und der Saal nicht benutzbar, darum las ich, schließlich war es Sommer, unter einer Verdeckplane im Hof. Es regnete in Strömen, und gekommen waren vier Leute. Einer ging nach fünf Minuten, was man ihm nicht verübeln konnte, denn er hatte keinen Schirm. Ein anderer, ein dünner Mann mit Bart, baute sich nach der Veranstaltung vor mir auf und sah mit stechendem Blick auf mich herab. «Sie haben drei Bücher verfaßt?»

Ich schluckte und sagte ja.

«Ich beschäftige mich mit deutscher Gegenwartsliteratur. Intensiv! Ich verfolge alles!»

«So», sagte ich eingeschüchtert.

Er starrte mich vorwurfsvoll an. «Von Ihnen habe ich nie gehört.»

Ich entschuldigte mich, er zuckte die Achseln und ging mit großen Schritten davon.

Zwei Jahre und manche Lesung in nicht gerade über-füllten Räumen später erschien mein nächstes Buch, *Der fernste Ort*: eine Novelle über Flucht, Tod und das Leben als Traum. Es wurde so gut wie gar nicht mehr bespro-chen, es verkaufte sich nicht, und wohlmeinende Insider bedeuteten mir, daß ich nach einem weiteren Mißerfolg womöglich keinen Verlag mehr haben würde. Ich gebe zu, daß ich damals manchmal schlecht schlief.

Und dann, wie gesagt, kam alles anders, und was ich Ihnen gerade erzählt habe, wurde nachträglich unwahr, wurde gewissermaßen von der Zukunft ausgelöscht, denn die menschliche Existenz ist eben nicht linear, und das Spätere formt das Frühe. Mein Roman *Ich und Kaminski* handelt von einem abscheulichen Kunstkritiker, und die Kritiker erfreuten sich so sehr daran – das hatte vermut-lich mit dem Roman zu tun, sicher aber auch mit dem Grimm über den Kollegen am Schreibtisch gegenüber –, daß sie gar nicht aufhören wollten, über ihn zu schreiben, und dadurch wurde auch der Verkauf ein sehr erfreu-licher.

Und mit dem nächsten Roman, dessentwegen ich die Ehre habe, jetzt vor Ihnen zu stehen, erfüllte sich al-les, was ich nicht einmal zu wünschen gewagt hatte: ein Hauptgewinn, ein Jackpot in der Lotterie, ein Blitzschlag, nach dem alles anders ist als zuvor. Hat man so etwas hin-ter sich, sind die Probleme plötzlich neue. Wenn man sich eben noch daran zu gewöhnen versuchte, daß man die eigene Arbeit eben machen muß, auch wenn die Moden andere sind und nur wenige Leser sich auf jene Spiele mit Wirklichkeit und Schein einlassen möchten, die einem am Herzen liegen, so muss man jetzt plötzlich einen Weg finden, die Arbeit weiterzuführen, obwohl so beängstigend viele Leute an ihr interessiert sind und einen nun wie den Landvermesser seine Gehilfen bei jeder Erwähnung die Worte «Erfolg», «Verkauf» und «Bestseller» begleiten. Der eigene Name wird, ohne daß man etwas anders gemacht hätte als zuvor, sprichwörtlich fürs Gegenteil dessen, was man doch bis vor kurzem war.

Man liest über einen Autor, der sich gut, aber nicht sensationell verkauft, er sei nicht gerade ein Daniel Kehlmann. Man liest über jemand anderen, der dafür gelobt werden soll, daß er intellektuell hochkomplexe Werke schreibe ohne Konzessionen an den Geschmack der Masse, er mache es sich nicht so leicht wie … nun ja, Sie wissen schon; wieder anderswo steht über einen Amerikaner, der mit dem Schreiben reich geworden ist, ihm sei es gegangen wie – na wem wohl, und man starrt halb vernichtet und halb auch sehr geschmeichelt darauf und fragt sich, ob man das denn träumt. Und dann druckt in einer renommierten Monatsschrift für Kultur jemand einen gediegenen Artikel über deutsches Bildungsgut ab und beschreibt ganz nebenher, wie Daniel Kehlmann angetan mit Anzug, Weste und wohlgebundener Fliege in Wiesbaden einen Vortrag gehalten und brüsk alle berechtigten Fragen des Publikums nach dem Verhältnis von Fakten und Fiktionen in seinem Werk von sich gewiesen habe. Was für ein unangenehmer Mensch, denkt man, und dann erst fällt einem auf, daß man es ja selbst ist, und erinnert sich: Ja, man war allerdings in Wiesbaden, aber man hielt einen Vortrag über eben dieses Verhältnis von Fakt und Fiktion, zu dem man laut Bericht die Auskunft verweigert habe, man hatte Jeans an, man besitzt keine Weste und hat schon deshalb noch nie eine Fliege getragen, weil man sie gar nicht zu binden wüßte; und es wird einem klar, daß jener Schreiber vielleicht gar nicht lügen wollte, sondern statt den Dingen, wie sie nun mal sind, das Zerrbild einer Reputation gesehen hat.

Das Lustige und zugleich Schwindelerregende an der neuen Lage, das rauschhaft Absurde an ihr ist, daß der eigene Name, den vor kurzem noch selbst die Fachleute nicht zur Kenntnis nehmen wollten, auf einmal von vielen im Mund geführt wird, als hätten sie ihn immer schon gekannt, als wäre er stets dagewesen und immer schon im Abglanz der märchenhaften Verkaufszahl. Der Ruhm ist eine Komödie, aber eine von Buñuel, er ist, um das wunderbare Wort von Imre Kertész zu entleihen, eine Glückskatastrophe, die bewirkt, daß man es dann, zumindest für eine Weile, weniger mit Freuden und Qualen der Formulierung zu tun hat als mit chinesischen Raubdrucken, mit katalanischen Fehlübersetzungen, mit Steuerprüfern – Sie glauben ja gar nicht, wie schnell die kommen! –, sowie mit Lesern, über deren Aufmerksamkeit man sich zwar freut, die man aber auch bedauert, weil die Bestsellerliste ihnen ein Buch aufgezwungen hat, das ihren Wünschen möglicherweise gar nicht entspricht. So beklagte sich eine Internetforumsteilnehmerin über die offensichtliche Intelligenzlosigkeit meines Buches; etwas, das nicht bloß so schlecht, sondern vor allem derart dumm sei, habe sie noch nie gelesen. Ihr Benutzername aber lautet, und ich schwöre Ihnen, es ist nicht erfunden, *die_zwetschge_sumsi.*

Erfolg also, und vielleicht wäre das eine Definition, bedeutet, daß auch die Zwetschge Sumsi über Sie eine Meinung hat. Nicht daß das schlimm wäre: Wer schreibt, will gelesen werden, und wer im Lotto gewinnt, muß sich der Herausforderung gewachsen zeigen, muß sich mit den neuen Umständen arrangieren und nicht jammern und wünschen, er wäre noch dort, wo er nie hatte bleiben wollen; kurz, er muß das Glück mit der gleichen Ruhe hinzunehmen versuchen, mit der er unter anderen Umständen mit dem Scheitern hätte umgehen müssen.

Aber das ist schwer, denn die Ablenkungen sind zahlreich, und als sogenannter Bestsellerautor schreibt man auch Dinge, die man gar nicht geschrieben hat, und verzettelt sich in Projekte, die man nie unternahm. Ein bekannter politischer Journalist sagte meinem Verleger, er möge mir ausrichten, daß ich nicht ständig Interviews geben dürfe; es sei zuviel, man werde meiner überdrüssig. Auf meines Verlegers Einwand hin, ich hätte seit bald einem Jahr kein Interview gegeben, antwortete der Journalist, das könne er gar nicht glauben, er sehe mich doch ständig in der Zeitung über irgendwas daherreden. Ähnlich gab mir neulich ein wohlmeinender Freund zu verstehen, ich hätte einen schweren Fehler gemacht, diese wöchentliche Kolumne in der *Frankfurter Allgemeinen* hätte ich nicht auch noch übernehmen dürfen, es sei einfach zuviel, nun ginge ich den Leuten auf die Nerven.

Aber ich hätte, sagte ich, dort gar keine Kolumne geschrieben!

«Nein?»

«Nie!»

«Ich hätte schwören können, das warst schon wieder du.»

Und fast glaubt man ja selbst, daß man es war, fast erreicht man den Punkt, an dem man sich nicht mehr wirklich vorkommt und das eigene Erfolgsbuch einem wie das Werk eines Fremden scheint, mit dem man nicht mehr zu tun hat als mit irgend jemand sonst. Wie also könnte man sich darüber beklagen, daß ein derart über die deutschen Haushalte verteiltes Werk in der Achtung mancher, nicht eben meinungsfester Menschen herabsinkt? Man braucht nicht Bourdieu gelesen zu haben, um es nachzuvollziehen: Das Verbreitete taugt nicht mehr zum Distinktionsgewinn, und wenn man im Flugzeug einen Menschen mit einem Bestseller sieht, so denkt man sogar dann «Mein Gott, kannst du nicht etwas weniger Naheliegendes lesen?», wenn dieser zufällig von einem selbst ist.

«Ich habe mein Gewissen befragt und mich gefragt, ob ich Falsches getan habe», so Saul Bellow im berühmten *Paris Review*-Gespräch über den Bestsellererfolg seines Romans *Herzog*. «Aber ich habe keine Sünde gefunden.» Und so stehe ich heute vor Ihnen, voller Dankbarkeit für diese Auszeichnung, und bekenne, daß auch ich keine Sünde gefunden habe. Noch immer erfüllt die Existenz dieses Romans mich mit jenem Gefühl von Freude, das ich bei der Arbeit daran so intensiv erlebt habe wie nie zuvor beim Schreiben; noch immer bin ich glücklich darüber, weil es unter allem, was ich veröffentlicht habe, jener vagen Vorstellung, die ich hatte, als ich daran zu arbeiten begann, am ähnlichsten sieht. Noch immer macht mich jede Anerkennung, die es nicht als nur Verkaufsschlager, sondern als geformtes literarisches Kunstwerk erhält, stolz und sehr froh.

Dieser Preis ist mit Geld verbunden, und ein Resultat der bestsellerischen Glückskatastrophe liegt darin, daß man auf Geld für eine ganze Weile nicht mehr angewiesen ist. Um so mehr aber freut man sich über den Zuspruch einer beschlagenen Jury für ein Werk, um dessen Nuancen, Feinheiten und Zwischentöne man sich in Hunderten Stunden Arbeit bemüht hat. Deswegen, und natürlich auch weil dies der Preis einer Zeitung ist, die naturgemäß jeden Tag von den Schrecken des Kriegs, der Gewalt und der ungeheuren Falschheit unseres Weltgefüges künden muss, möchte ich das Preisgeld weitergeben an eine Organisation, die sich bemüht, das Leiden etwas kleiner zu machen: *Ärzte ohne Grenzen*. Im Unterschied zu mir, dem unerwartbare Umstände eine Unabhängigkeit schenkten, wie er sie nie zu erträumen wagte, kann von jener Organisation leider nicht gesagt werden, daß sie kein Geld braucht. Denn die Welt ist schlecht und ungerecht, ihr Zustand katastrophal und ihre Geschichte solch absurden Zufällen ausgeliefert wie jeder einzelne Lebenslauf. Und spricht man auch gerne davon, wie bedauerlich es sei, daß die Schriftsteller nichts verändern können, so glaube ich, daß Ärzte im Verändern ohnehin besser sind; wir sprechen vom Schmerz, sie lindern ihn. Ich bin zuversichtlich, daß solch eine Weitergabe den Absichten der Preisstifter und der Jury nicht zuwiderläuft, denen ich noch einmal von ganzem Herzen danke.

Die Lichtprobe

Eröffnungsrede der Salzburger Festspiele 2009

«Das bürgerliche Leben», sagte Max Reinhardt in einer
Rede an der Columbia University, «ist eng begrenzt und
arm an Gefühlsinhalten. Es hat aus seiner Armut lauter Tugenden gemacht, zwischen denen es sich schlecht
und recht durchzwängt.» Im Ungenügen also an dem einen Dasein, das uns gegeben ist, an der Mangelhaftigkeit
unserer Gefühle, der Begrenztheit der Wege, die uns of-
fenstehen, sah der Mitgründer dieser Festspiele die Wur-
zel unserer Faszination für das Theater. «Wir alle tragen
die Möglichkeit zu allen Leidenschaften, zu allen Schick-
salen, zu allen Lebensformen in uns.» Wo aber das Theater die Berührung mit der existentiellen Wahrhaftigkeit
verliere, bleibe leeres Spiel und, schlimmer noch, blanke
Langeweile. «Das Theater kann, von allen guten Geistern
verlassen, das traurigste Gewerbe, die armseligste Prostitution sein.»

Ich hörte diese Rede zum ersten Mal als Kind auf einer Langspielplatte meines Vaters. Das mit dem trau-
rigsten Gewerbe verstand ich nicht ganz, schon weil ich
nicht so recht wußte, was das Wort Prostitution bedeutet,

das über die Armut des bürgerlichen Lebens aber verstand ich sehr wohl: Natürlich sehnte ich mich nach anderen Möglichkeiten und danach, mehr als ein Leben zu führen, alle Kinder tun das, werden sie erwachsen, verdrängen sie es, es sei denn, sie werden Schauspieler, oder sie schreiben. Wenn Reinhardt das Theater «den seligsten Schlupfwinkel derer» nennt, «die ihre Kindheit heimlich in die Tasche gesteckt und sich damit auf und davon gemacht haben», so fand ich genau diesen Schlupfwinkel in den Büchern, im Erfinden, in der kontrollierten Flucht in die Phantasie, die jeder Roman bietet. Vom Theater aber hielt ich mich lieber fern.

Das hatte mit meinem Elternhaus zu tun. Mein Vater war Regisseur, und das Theater gehörte nun einmal zu seiner Welt, zum Bereich seiner Zuständigkeit, dem ich als Sohn, der etwas Eigenes sein und tun wollte, lieber nicht zu nahe kam. Gerade als einer, der unter Schauspielern aufgewachsen ist, jenen stets angenehmen und doch so verzweifelt des Zuspruchs bedürftigen Menschen, hatte ich schon früh das Gefühl, daß es gut für mich wäre, mein Leben in anderem Umfeld zu verbringen.

An meinem ersten und größten Theatererlebnis waren allerdings gar keine Schauspieler beteiligt. Ich war vier Jahre alt, mein Vater probte im Wiener Theater an der Josefstadt, meine Mutter und ich waren aus München gekommen, ihn zu besuchen. Eines Morgens nahm er mich mit zur Beleuchtungsprobe. Ich sehe noch den leeren Zuschauerraum vor mir, die leere Bühne bei offenem Vorhang. Mein Vater rief etwas nach oben, und plötzlich begann sich ein riesiger Kristalluster – mir jedenfalls kam er riesig vor – aufleuchtend aus der Dunkelheit herabzusenken. Der gewaltige Raum wurde hell. Mein Vater rief wieder etwas, der Luster stieg auf, die Schatten wurden länger, und schließlich war der Luster im Schwarz der Decke verschwunden. Ich wußte natürlich nicht, daß sich das allabendlich ereignete; ich glaubte wirklich, es wäre nur für mich und zum ersten Mal geschehen. Ich war erschrocken und glücklich. Keine Theateraufführung kam je an diesen Vormittag heran.

In den nächsten Jahren sah ich viele Inszenierungen meines Vaters, die meisten als Fernsehaufzeichnungen, nur mehr wenige auf der Bühne, bis sein Leben Ende der achtziger Jahre eine traurige Wendung nahm: Lange Zeit war er einer der erfolgreichen Regisseure des deutschsprachigen Fernsehens und Theaters gewesen – übrigens arbeitete er auch bei den Salzburger Festspielen –, nun aber, mit verblüffender Geschwindigkeit, geriet er aus der Mode und in Vergessenheit.

Von seinem Vater zu lernen ist ja immer eine zweischneidige Sache. Man möchte doch eigenständig sein, instinktiv lehnt man Lektionen des Elternhauses ab und sucht seine Lehrer so fern davon wie möglich. Als mich vor kurzem ein Germanist darauf hinwies, daß die Hauptfigur meines ersten Romans vaterlos ist, ein Mann ohne Herkunft und Abstammung, so verblüffte es mich selbst, wie sehr man das, was ich damals für spielerische Erfindung hielt, als Absichtserklärung des beginnenden Autors lesen kann: niemandem verpflichtet und von keinem überschattet sein, von nirgendwo herkommen. Aber in Wirklichkeit ist es bekanntlich nie so, und Stunden, ja Tage würden nicht ausreichen, um auch nur einen Teil der Schuld zu umreißen, die ich Michael Kehlmann nicht nur als Mensch – das ist selbstverständlich und braucht hier nicht erklärt zu werden –, sondern als Künstler, als Gestalter, als Erzähler in Bildern und Szenen, zurückzuzahlen hätte, gehörte es nicht zum Wesen solcher Schulden, daß sie nicht zurückgezahlt werden können. Dadurch etwa, daß ich ihm zuhören durfte, wenn er seine Drehbücher der Verfilmungen Joseph Roths ins Tonbandgerät diktierte, lernte ich, daß Erzählen weniger eine Frage des Inhaltes als der Atmosphäre ist, eher Haltung als Handwerk, eher Stimme als Technik. Ich lernte von ihm den Wert des Humors, den Wert der Gelassenheit, vor allem auch den Wert des Zorns. Über seine Inszenierungen dachte er wochenlang nach und formte alles noch vor der ersten Leseprobe in seinem Kopf: Er wußte, wie ein Stück aussehen sollte, unter seiner Leitung wurde nicht diskutiert, dafür, so meinte er, habe man ihn ja engagiert. Kunst bestehe aus großen, kleinen und winzigen Entscheidungen, Aberhunderten davon, jeden einzelnen Tag, und man selbst wisse nie, ob man das Richtige tue, man könne nur darauf hoffen und müsse konsequent bleiben; immer an sich zu zweifeln sei ebenso wichtig, wie diese Zweifel dann während der Arbeit mit sich allein abzumachen.

Vor allem aber sah er im Regisseur einen Diener des Autors. Jawohl, einen Diener – so sagte er, und an dieser Auffassung lag es, daß er auf den deutschsprachigen Bühnen in den letzten zwei Jahrzehnten seines Lebens, trotz zunächst noch guter Gesundheit, nicht mehr arbeiten durfte. In einem Bereich, wo es keinen schlimmeren Vorwurf gibt als das Wort altmodisch, galt er plötzlich als ebendies, und wohl auch deswegen war ich zunehmend entschlossen, mich vom Theater fernzuhalten und lieber Bücher zu schreiben. Was immer einem Romancier zustößt, so dachte ich und denke es immer noch, es kann ihn doch keiner daran hindern, seine Arbeit zu tun. Schlimmstenfalls bleiben seine Werke ungedruckt, aber schreiben darf er sie doch, und niemand hält ihn davon ab, auf eine gewogenere Zukunft zu hoffen. Der Regisseur aber, der sich herrschenden Dogmen verschließt, hat diese Chance nicht. Als mein Vater durch den Wandel der Umstände seine Arbeit nicht mehr ausüben konnte, senkte sich allmählich die Krankheit des Vergessens auf ihn herab, bis ihn ganz zuletzt die Demenz vom Bewußtsein der Enttäuschungen befreite.

Ich bin also, ich leugne es nicht, voreingenommen, aber andere sind es nicht. Spricht man mit Russen, mit Polen, mit Engländern oder Skandinaviern, die deutschsprachige Lande besuchen und hier ins Theater gehen, so sind sie oft ziemlich verwirrt. Was das denn solle, fragen sie, was denn hier los sei, warum das denn auf den Bühnen alles immer so ähnlich aussehe, ständig Videowände und Spaghettiessen, warum sei immer irgendwer mit irgendwas beschmiert, wozu all das Gezucke und routiniert hysterische Geschrei? (Bitte verzeihen Sie die Klischees, doch es sind nicht meine, sondern genau jene, die uns die deutschen Theater vorspielen, formelhaft treu, Abend für Abend, Woche für Woche, in Stadt und Land.) Ob das, so fragen die Besucher, denn staatlich vorgeschrieben sei?

Was soll man darauf antworten? Aus rein familiären Gründen – weil ich erlebt habe, daß einer, der es anders machen wollte, es gar nicht mehr machen konnte – und weil es mich außerdem jedesmal mit Melancholie erfüllt, im Ausland grandiose Stücke lebender Dramatiker zu sehen, die bei uns praktisch unaufführbar sind, weil ihre Autoren keine verfremdenden Inszenierungen gestatten, antworte ich diesen Verwunderten dann nicht, daß es nun einmal so sein müsse, daß sie keine Ahnung hätten, wie schlimm verstaubt das Theater in ihren Heimatstädten sei und wir eben mal wieder einen Sonderweg gefunden hätten, zu speziell und verschlungen, um von anderen Völkern verstanden zu werden. Sondern ich sage in etwa folgendes:

Bei uns ist etwas Absonderliches geschehen. Irgendwie ist es in den vergangenen Jahrzehnten dahin gekommen, daß die Frage, ob man Schiller in historischen Kostümen oder besser mit den inzwischen schon altbewährten Zutaten der sogenannten Aktualisierung aufführen solle, zur am stärksten mit Ideologie befrachteten Frage überhaupt geworden ist. Eher ist es möglich, unwidersprochen den reinsten Wahnwitz zu behaupten, als leise und schüchtern auszusprechen, daß die historisch akkurate Inszenierung eines Theaterstücks einfach nur eine ästhetische Entscheidung ist, nicht besser und nicht schlechter als die

Verfremdung, auf keinen Fall aber ein per se reaktionäres Unterfangen. Als vor vier Jahren der Satiriker Joachim Lottmann im *Spiegel* einen spöttischen Artikel über deutsche Regiegebräuche veröffentlichte, ging eine Empörungswelle durch die Redaktionen, als schriebe man das Jahr 1910 und einer hätte Kaiser Wilhelm gekränkt. Es hat wohl mit der folgenreichsten Allianz der vergangenen Jahrzehnte zu tun: dem Bündnis zwischen Kitsch und Avantgarde. Nach wie vor und allezeit schätzt der Philister das Althergebrachte, aber mittlerweile muß sich dieses Althergebrachte auf eine strikt formelhafte Weise als neu geben. Denn wer ein Reihenhaus bewohnen, christlich- oder ökologisch-konservative Parteien wählen, seine Kinder auf Privatschulen schicken will und es dennoch für zwingend notwendig hält, sich als aufgeschlossener Bohemien ohne Vorurteil zu fühlen – was bleibt ihm denn anderes als das Theater? In einer Kultur, in der niemand mehr Marx liest und kontroverse Diskussionen sich eigentlich nur noch um Sport drehen, ist das Regietheater zur letzten verbliebenen Schrumpfform linker Weltanschauung degeneriert.

Wie alt die Fragestellung und auch die Praxis ist, zeigt sich nicht zuletzt darin, daß der scharfsinnigste Text darüber aus dem Jahr 1926 stammt: Karl Kraus' furioser Aufsatz *Mein Vorurteil gegen Piscator*. Der große Regisseur Erwin Piscator hatte in Berlin eine, das Wort war damals neu, «aktualisierte» Inszenierung von Schillers *Räubern* auf die Bühne gebracht, was Kraus dazu veranlaßte, grundsätzlich zu werden. In Wahrheit, so Kraus, sei Aktualisieren das Gegenteil dessen, was die Presse darunter verstehe, nämlich die behutsame Wiederherstellung dessen, was wir nicht mehr von der Vergangenheit wüßten, was uns unwiderruflich von ihr trenne. «‹Aktuell›», schrieb er, «ist die Überwindung des Zeitwiderstands, die Wegräumung des Überzugs, den das Geräusch des Lebens dem Gehör und der Sprache angetan hat. Für aktuell aber halten die Zutreiber der Zeit den Triumph des Geräusches über das Gedicht, die Entstellung seiner Geistigkeit durch ein psychologisches Motiv, das der Journalbildung» – also der Bildung des Journalismus – «erschlossen ist.»

Man muß Kraus hierin nicht folgen, man kann es auch ganz anders sehen, man darf selbstverständlich auch für die drastischste Verfremdung eintreten, aber man sollte sich deswegen nicht für einen fortschrittlichen Menschen halten. Kraus war kein Anhänger des großen Ausstattungstheaters, er trat für äußerste Reduktion ein; was ihm vorschwebte, war näher bei dem Minimalismus eines Peter Brook als bei Max Reinhardt. Ein anderer Minimalist, Samuel Beckett, verbot regelmäßig Aufführungen seiner Werke, die er als entstellend empfand und die von seinen akribischen Regieanweisungen abwichen – möchte man ihn darum rückständig nennen? Wer gegen das sogenannte Regietheater ist, muß beileibe nicht konservativ sein, aber gerade mancher tiefkonservative Mensch hält diese teuren und konventionellen Spektakel für unangreifbar. Ein teuflischer Kreis: Wo Regisseure die Stars sind, dort halten sich die Autoren zurück.

Wo sich die Autoren zurückhalten, beanspruchen die Regisseure wiederum den Status eines Stars, dem kein Autor, lebend oder tot, dreinzureden habe: «Eigentlich sind wir die Urheber!» rufen sie, und in der Tat muß man es sich wohl recht angenehm vorstellen, ein genialischer Schöpfer zu sein, ohne dafür eigens Stücke verfassen zu müssen. Unterdessen aber bleibt der Großteil der interessierten Menschen, die einstmals Publikum gewesen wären, daheim, liest Romane, geht ins Kino, kauft DVD-Boxen mit den intelligentesten amerikanischen Serien und nimmt Theater nur noch als fernen Lärm wahr, als Anlaß für wirre Artikel im Feuilleton, als Privatvergnügen einer kleinen Gruppe folgsamer Pilger, ohne Relevanz für Leben, Gesellschaft und Gegenwart. «Das traurigste Gewerbe», sagte Reinhardt – und nicht selten ist man versucht, ihm zuzustimmen, sich abzuwenden und einfach den Fernseher einzuschalten.

Aber ich wollte ja von Michael Kehlmann reden und davon, was ihm die Bühne und was er für sie bedeutete, wieso bin ich so abgeschweift? Vielleicht bin ich es gar nicht, ich habe von dem gesprochen, was er neben einigen Gleichgesinnten – ich nenne nur den großen, fast vergessenen Rudolf Noelte –, zu verhindern suchte und was doch Gestalt annahm: ein Klima der Repression, in dem Abweichung geächtet ist. «Ich bin größenwahnsinnig», schrieb Karl Kraus, «ich weiß, daß meine Zeit nicht kommen wird.» Auch für meinen Vater zeichnete sich ab, daß seine Zeit nicht mehr kommen würde, daß sie, wenn überhaupt, unwiderruflich hinter ihm lag – und doch paßte er sich nicht an und arbeitete lieber gar nicht als unter Umständen, die ihm nicht die volle Freiheit gelassen hätten. Man kann das durchaus Größenwahn nennen. Früher oder später kommt vielleicht für jeden Künstler der Augenblick, da sein Weg und der Zeitgeschmack sich trennen. Häufig ist Beharren ein Zeichen der Verstocktheit, manchmal aber auch die einzige Möglichkeit.

Und so denke ich oft an jenen Luster damals im leeren Theater. An die wundersamen Widersprüche denke ich, die jedesmal von neuem auf der Bühne zusammenfinden: Etwas, das jeden Abend passiert, passiert gerade in dem Moment zum ersten Mal und nie wieder genau so; es wird Gegenwart und ist doch pure Wiederholung; Figuren stehen vor uns und tun es doch nicht, so daß wir Zeugen sind bei einem Ereignis, das nicht wirklich geschieht, und zwar in einer Spontaneität, wie sie nur nach langem Proben möglich wird. Film ist magisch, Theater aber ist paradox. Und das bleibt es selbst in der albernsten Gestalt, und das wird es noch sein, wenn man sich so mancher hochsubventionierten Absurdität nur noch mit amüsiertem Lächeln erinnert. «Nicht Verstellung ist die Aufgabe des Schauspielers», so Reinhardt, «sondern Enthüllung.» Die Wahrheit auszusprechen also über unsere von Konvention und Gewohnheit eingeschnürte Natur, die Wahrheit über das eine kurze Leben, das wir führen. Und über die unzähligen Leben, die wir darüber versäumen und denen wir nirgendwo anders begegnen als in unserer Phantasie und in der Kunst.

Nachweise

Der melancholische Lobbyist. In: Frankfurter Allgemeine Zeitung, 10. Oktober 2007

Der Reporter Truman Capote. In: Frankfurter Allgemeine Sonntagszeitung, 13. April 2008

Der alte Mann und das Buch. In: Die Zeit, 30. April 2008

Kein ehrlicher Rock 'n' Roll. In: Süddeutsche Zeitung, 26. April 2006

... und hör'n die herrlichste Musik. Laudatio auf Max Goldt zur Verleihung des Kleist-Preises, gehalten am 23. November 2009 im Berliner Ensemble. In: Süddeutsche Zeitung, 26. November 2008

Vier Kritiker bereisen die Hölle. In: Frankfurter Allgemeine Zeitung, 14. Oktober 2009

Imre Kertész, 80. Geburtstagsrede für Imre Kertész, gehalten am 9. November 2009 im Wissenschaftskolleg Berlin. In: Sinn und Form 1, 2010

Kleist und die Sehnsucht, kein Selbst zu sein: Dankesrede zur Verleihung des Kleist-Preises, gehalten am 23. November 2006

im Berliner Ensemble. In: Frankfurter Allgemeine Zeitung, 25.
November 2006

Der Held ohne Motiv: Nachwort zur Neuausgabe von Knut Hamsuns Roman «Hunger». Claassen Verlag: Berlin 2009

Dionysos und der Buchhalter: Dankesrede zur Verleihung des
Thomas-Mann-Preises, gehalten am 18. Oktober 2008 im Schar-
bausaal der Lübecker Stadtbibliothek. In: Frankfurter Allgemeine Zeitung, 25. Oktober 2008

Es war nicht Mitternacht. Es regnete nicht. In: Literaturen 4,
2006

Shakespeare und das Talent: Eröffnungsrede zur Tagung der
Deutschen Shakespearegesellschaft, gehalten am 24. April 2008
im Wiener Burgtheater. In: Frankfurter Allgemeine Zeitung, 26.
April 2008

Diese sehr ernsten Scherze. Poetikvorlesungen, gehalten am 8.
und 9. November 2006 in der Aula der Universität Göttingen.
Erstveröffentlichung: Wallstein Verlag, Göttingen 2007

Die Katastrophe des Glücks. Dankesrede zur Verleihung des
WELT-Literaturpreises, gehalten am 9. November 2007 im Axel-
Springer-Haus in Berlin. In: Die Welt, 10. November 2009

Die Lichtprobe. Eröffnungsrede der Salzburger Festspiele, gehalten am 25. Juli 2009 in der Salzburger Felsenreitschule. In:
Frankfurter Allgemeine Zeitung, 27. Juli 2009